이 책에 쏟아진 찬사

김지환 선생님이 실제 초등학교 교실에서 진행한 '13살의 노후 대비' 프로젝트를 바탕으로 쓰인 이 책은 외부 기관의 일회성 교육이 아닌 공교육 중심의 금융 교육이 얼마나 효과적일 수 있는지를 증명합니다.

특히 아이들이 한 달에 다섯 살씩 나이를 먹으며 60년의 인생을 압축 체험하는 '인생 게임' 방식은 혁신적입니다. 변동성이 큰 개별주 투자에서 ETF를 활용한 자산 배분 투자와 포트폴리오 구성까지. 이를 머리로만 아는 것이 아니라 몸으로 체험하며 경험하게 합니다. 실패와 성공을 모두 경험하면서 단계적으로 금융 의사 결정 능력을 키워 갑니다.

'열두 살 인생 게임'이 우리나라 금융 교육 혁신의 마중물이 되어, 더 많은 학교와 가정에서 창의적이고 실효성 있는 금융 교육을 실천하는 계기가 되기를 바랍니다.

**김자봉**·한국금융연구원 선임연구위원, 한국금융학회 금융교육연구회장

'100세 시대'라는 말이 이제는 낯설지 않게 쓰이고 있는 오늘날입니다. 은퇴 이후의 삶이 일하는 시간보다 더 길어질 수 있다는 사실도 점점 당연하게 받아들여지고 있죠. 하지만 아직 꿈을 키워 가야 할 어린이와 청소년들에게 너무 일찍 노후를 강조하는 것은 자칫 미래의 불안만 짊어지우는 일이 아닐까 걱정되기도 합니다. 그래서 우리 아이들에게 다가올 시간을 두려움이 아닌 희망으로 바라볼 수 있도록 돕는 것, 그것이야말로 기성세대의 중요한 책임이라 생각합니다.

그런 의미에서 이 책은 참으로 반가운 만남이었습니다. 아이들에게 미래를 상상해 보는 기회를 주면서 동시에 그들이 마주하게 될 실물경제를 쉽고 재미있게 이해할 수 있도록 이끌어 주기 때문입니다. 현재의 삶을 이해하는 과정 속에서 스스로의 미래를 설계할 수 있다면 아이들은 불안보다 자신감을 품고 당당히 내일을 준비할 수 있을 것입니다. 이 책이 많은 어린이들에게 그런 든든한 동반자가 되기를 기대합니다.

**원종현**·국민연금 기금운용위원회 수책위원장

『열세 살 인생 게임2』를 읽으며 우리 아이에게도 이런 선생님이 있으면 좋겠다는 생각을 했습니다. 우리가 어른이 되어 사회에 나왔을 때 가장 크게 아쉬워하는 부분이 바로 어린 시절 실물경제에 대한 지식과 돈을 대하는 태도에 대해 제대로 배우지 못했다는 점입니다. 학교에서는 그저 절약과 저축이 미덕이라고만 말할 뿐 돈을 불리고 지키는 방법은 알려 주지 않습니다. 현실의 '어른 세계'에서는 자기만의 경제 관념을 가지고 자산 관리, 주식 투자, 연금 관리, 노후 준비가 필수인데 말이죠. 이 책은 그런 다양한 실물경제에 대한 지식들을 아이들의 눈높이에서, 그리고 밥상머리 교육처럼 생활 속에서 체득하게 해 줍니다. 군 입대와 내 집 마련, 투자와 은퇴까지, 게임처럼 압축된 인생을 경험하며 아이들은 그 속에서 '진짜 돈 공부'를 자연스럽게 배웁니다. 가상의 돈을 굴리며 겪는 흥분, 고민, 후회를 통해 돈을 대하는 자신만의 태도를 정립하고 투자의 기본기를 익히게 되는 것이죠. 무겁지 않게, 그러나 깊이 있게 전해지는 실제 교실 속 이야기야말로 지금 이 시대를 살아가는 부모와 아이 모두에게 필요한 내용이라는 생각이 듭니다. 금융·경제 교육은 빠를수록 좋습니다. 바로 지금이 아이 인생의 '첫 번째 투자'가 시작될 순간입니다. 이런 교육이 전국의 교실로 퍼지는 그날까지 김지환 선생님의 도전을 뜨겁게 응원합니다.

_ 이주현(월천대사)·부동산 전문가, 월천재테크 대표

이 책은 김지환 선생님이 오랫동안 아이들과 금융 교육을 진행한 노력의 흔적들이 깊이 배어 있는 훌륭한 시리즈입니다. 열세 살부터 시작하는 노후 준비는 우리와 다음 세대를 위해 꼭 필요한 일입니다. 교과서 밖 살아 있는 경제를 배우고 싶은 학생, 아이의 미래를 바꿔 줄 돈 공부법을 알고 싶은 부모라면 꼭 읽어 보길 추천합니다.

_ 존 리·전 메리츠 자산운용 대표

아이들과 해외에 나갔을 때 인상적인 장면을 목격한 적이 있습니다. 머리가 새하얀 외국의 할머니, 할아버지들이 휴양지에서 여유롭게 쉬며 주식 투자를 하고 있는 모습이었죠. 그 모습을 보며 '100세 시대를 살아갈 미래 세대의 아이들에게도 금융자산을 운용해 보는 경험과 학습이 꼭 필요하지 않을까?' 하는 고민을 하던 차에 김지환 선생님의 커리큘럼을 만났습니다.
김지환 선생님의 금융 교육은 아이들이 오늘 당장 실천할 수 있도록 설계된 보기 드문 커리큘럼입니다. 한 달에 다섯 살씩 나이를 먹으며 삶의 이정표가 되는 사건들을 1년 안에 압축해 경험하는 '열세 살의 노후 대비 프로젝트'는 배움과 삶을 단단히 결합시키는 정말 훌륭한 교육이 아닐 수 없습니다. 공허한 이론만 늘어놓는 경제 수업을 넘어, 실제 주가와 환율을 반영한 모의 투자, 자산 배분과 ETF, 달러·금 등 안전 자산까지 아우르는 구성은 아이들이 경제를 '아는 것'에서 '실천할 수 있는 것'으로 전환시키는 결정적 계기를 만들어 줍니다. 교실에서 검증된 프로그램을 한 권에 담은 이 책을 실용적인 금융 교육에 목마른 교실과 가정에 자신 있게 권합니다. 학교와 집에서 바로 실천할 수 있는 살아 있는 금융 교육 교과서가 되리라 확신합니다.

_ 허준석(혼공쌤)·영어 교육 전문가, 유튜브 〈혼공tv〉 운영자

* 일러두기

- 본문에 나오는 경제 용어들은 초등학생 눈높이에 맞췄습니다.
- 현장감을 살리기 위해 신조어 및 은어 등을 사용했습니다.

들어가며

후반전 게임을 시작합니다!

여러분, 『열세 살 인생 게임』 전반전은 재미있게 읽으셨나요?

전반전에서는 군 입대와 대학교 입학, 결혼, 주식 투자처럼 여러분의 선택에 따라 인생이 어떻게 달라질 수 있는지 이야기해 보았어요.

벌써 결혼도 하고 여러분의 나이가 스물여덟 살이 되었네요?! 축하합니다. 😄

이제 인생 후반전을 살아 볼 차례입니다! 우리의 인생 후반전에는 과연 어떤 이벤트가 남아 있을까요?

솔직히 말하면, 선생님도 잘 알지 못한답니다. 서른 살 이후부터는 여러분이 가진 가치관에 따라 정말 다양한 삶의 모습이 나타나기 때문이에요. 결혼을 할지 말지, 아이를 낳을지 말지, 직장을 옮길지 혹은 내 집 마련을 할지 등 모두 여러분의 결정에 달려

있어요. 그리고 이 선택에 따라 여러분이 꿈꾸는 경제적 자유의 목표도 다양해지게 됩니다.

하지만 분명한 것이 하나 있습니다. 선생님이나 여러분 모두 나이가 들면 언젠가는 일하기를 멈추고 직장에서 '은퇴'를 한다는 사실입니다. 그렇다면 더 이상 노동으로 돈을 못 벌 때를 대비해서 '노후 대비'를 해야겠지요?

많은 금융 전문가가 노후 대비를 위해 '안전한 투자 방법'을 꼭 알아야 한다고 말합니다. 젊을 때는 투자로 돈을 잃어도 일을 해서 회복할 수 있는 시간이 있지만, 나이가 들었을 때는 위험한 투자로 돈을 잃으면 회복할 시간이 별로 없거든요!

그래서 인생 후반전에서는 다양한 실험과 게임을 통해 조금이라도 '안전한 투자'를 하기 위한 방법을 공부해 보려 합니다.

이제 인생 2회차를 위한 '인생 게임 후반전'을 시작해 볼까요?!

김지환

<인생 게임> 참가자 소개

지환쌤

시간을 휘리릭 빨리 감는 수상한 담임선생님!
아이들에 대한 넘치는 애정과 개구쟁이 같은 장난기를 가지고 있다.
엄청난 행동력과 추진력으로 세상에 둘도 없는 '인생 게임'을 만들어 낸다.

강호

'돈'에 대해 잘 모르지만, 자꾸 관심이 가고 부자도 되고 싶다.
매사 고민이 많으며, 간혹 행동이 충동적일 때가 있다.
하지만 인생 게임을 통해 차츰 생각도 깊어지고, 행동도 달라진다.

동현

엄친아. 잘생긴 데다 똘똘하고, 운동도 잘해서 인기가 많다.
사회 과목을 좋아하고 역사적 상상력이 뛰어나다.
매사에 적극적이며 승부욕이 강하다.

현지

한마디로 표현하자면 동현이의 라이벌!
침착하고 조용한 성격이지만, 할 말은 조곤조곤 다 한다.
논리적이고 상황 판단이 빠르다.

나은

쾌활하고 해맑은 성격으론 우리 반 1등!
상상력이 풍부해서 종종 친구들은 생각지도 못하는 엉뚱한 질문을 한다.
그런데 이런 질문들이 문제 해결의 새로운 방향을 보여 주기도 한다.

지후

'기분파' 스타일이라 돈 쓰는 걸 좋아한다.
늘 돈이 많았으면 하지만 정작 투자에는 관심이 없는 편.
하지만 은퇴 시점이 다가오면서 점점 위기 의식을 느끼게 된다.

민서

하나에 꽂히면 돌진하는 경주마 스타일.
1학기 모의 투자에서 아빠 말만 믿고 로블록스만 투자했다가 꼴등을 했다.
플러스(+) 수익률을 위해 각오를 다지지만 생각처럼 쉽지가 않다.

차례

들어가며 • 후반전 게임을 시작합니다! ● 004

〈인생 게임〉 참가자 소개 ● 006

1장
우리 반 나이 33세, 국민연금에 가입하자!
노후를 위한 보험이 있다고?

● 013

 인생 게임 황금 카드 ① ▶ '12월의 나'를 미리미리 생각해야 해요!
 인생 게임 황금 카드 ② ▶ 국민연금은 모든 사람이 같은 금액을 내나요?

2장
우리 반 나이 38세, 우주 최강 머니, '달러'를 공부하자!
달러는 어떻게 지구상에서 가장 힘이 센 돈이 되었을까?

● 029

 인생 게임 황금 카드 ▶ 1달러를 얻으려면 우리 돈 얼마를 줘야 할까요?

3장
위기에 처했을 때 힘이 되는 든든한 친구, 달러!
1997년, 우리나라에서는 무슨 일이 있었나?

● 045

 인생 게임 황금 카드 ▶ 또 다른 안전 자산은 없나요?

4장
단돈 1만 원으로 500개 회사의 주식을 사는 법
통장을 쪼개는 것처럼 주식도 쪼갤 수 있어!

● 061

🗝️ 인생 게임 황금 카드 ▶ ETF에 대해 좀 더 알고 싶어요!

5장
주식으로 따박따박 수익을 얻어 보자!
주식으로 돈 버는 방법에는 시세 차익만 있는 게 아니야!

● 079

🗝️ 인생 게임 황금 카드 ▶ 이자에는 이자율, 배당에는 배당률

6장
축구엔 포메이션, 투자엔 포트폴리오!
축구든 투자든 '전략 분산'이 중요해!

● 097

🗝️ 인생 게임 황금 카드 ▶ 공격수, 수비수, 미드필더 역할을 하는 자산은?

7장
기업이 아닌 '나라'에 투자해 볼까?
신흥국이냐 선진국이냐, 그것이 문제로다

● 107

🗝️ 인생 게임 황금 카드 ① ▶ 수백 개 주식의 주가를 어떻게 한 번에 나타내요?
🗝️ 인생 게임 황금 카드 ② ▶ 최근 흐름만 보고 투자 결정을 내려선 안 돼요!

8장
나만의 투자 포트폴리오를 만들자!
지피지기면 백전불패! 나만의 승리 전략 세우기

● 123

🗝️ 인생 게임 황금 카드 ▶ 달러나 금은 '완벽하게 안전한' 자산일까요?

9장
우리 반 나이 43세, 내 집 마련? 내 방 마련!
구매하기 vs. 잠시 빌리기, 집을 대체 어떻게 빌리지?

● 137

🗝️ 인생 게임 황금 카드 ▶ 월세와 전세, 뭐가 더 좋은 건가요?

10장
나에게 맞는 '최고의 방'을 찾아라!
위치와 환경에 따라 가격은 천차만별! 너의 우선순위는?

● 149

🗝️ 인생 게임 황금 카드 ▶ 전세 사기? 제 전세 보증금 돌려주세요!

11장
우리 반 나이 48세, 팔까? 말까? 얼마나 팔까?
때론 짜릿하고 때론 지루한 투자, 투자 세계에 정답은 없어!

● 163

🗝️ 인생 게임 황금 카드 ▶ 타임머신을 타고 과거로 떠나 투자했다면?

12장 '좀비 술래잡기'로 알아보는 복리의 마법
이자에도 이자가 붙는 돈 복사의 원리

● 177

🔑 인생 게임 황금 카드 ▶ 내 돈이 두 배가 되는 데 걸리는 시간은?

13장 우리 반 나이 53세, 노후 대비는 되어 있니?
노후를 잘 보내기 위해 필요한 돈은 얼마일까?

● 191

🔑 인생 게임 황금 카드 ▶ 국민연금은 언제부터 얼마나 받을 수 있나요?

14장 우리 반 나이 58세, 드디어 은퇴!
두구두구두구두구, 친구들은 노후 대비에 성공했을까?

● 205

나가며 • 진짜 인생, 그리고 진짜 가치를 향해! ● 215
부록 • 교과 연계표 ● 218

1장

우리 반 나이 33세,
국민연금에 가입하자!

 1학기 모의 투자도 끝나고 짜장면 데이트의 주인공도 다 발표되었다. 야호! 이제 조금만 기다리면 달콤한 여름방학이 시작된다! 강호와 친구들은 한껏 기대에 부풀어 서로의 '방학 계획'에 대해 이야기하기 시작했다.

"이번에 부모님이랑 속초 놀러가기로 했어. 나 동해 바다는 처음이라 너무 기대돼!"

"바다도 좋지만 더운 날씨에는 그냥 에어컨 빵빵 틀고 수박 먹으면서 유튜브 보는 게 최고야!"

바로 그때, 저마다의 계획을 이야기하고 있는 아이들의 머리 위로 선생님의 폭탄 발언이 떨어졌다.

"참, 얘들아. 이제 7월이 됐으니까 우리 반 나이는 서른세 살이야! 그리고 매주 빠져나가는 고정지출 3만 원 인상. 이제 매주 고정지출로 13만 원씩 내면 된단다."

"네????"

"선생님, 그게 무슨 말씀이세요? 우리 이제 방학 아니에요?"

"방학 때도 계속 나이 먹는 거예요?"

"그것보다 갑자기 고정지출이 왜 올라요!! 가뜩이나 버는 돈도 없는데."

"우리 반은 맨날 물가만 올라. 😢"

방학을 맞아 신나게 놀 생각에 빠져 있던 아이들은 선생님의 2연타 공격에 술렁거렸다. 나이를 계속 먹는 것도 서러운데 고정지출까지 올리다니! 강호는 선생님이 영화 속 빌런처럼 느껴졌다.

"자자, 진정하렴. 우리는 지금 인생 게임을 하는 거잖아. 그러니까 방학이라고 나이를 안 먹을 수는 없는 거야."

강호와 친구들은 어딘가 억울한 기분이 들었지만 딱히 틀린 말도 아니라서 잠자코 있을 수밖에 없었다.

"선생님, 그런데 고정지출은 갑자기 왜 올리신 거예요? 그것도 3만 원씩이나! 이러면 결혼해서 고정지출을 줄인 게 아무 소용이 없어져요."

핵심을 찌르는 듯한 동현이의 질문에 선생님이 빙그레 웃으며 대답했다.

"너희들, '보험'이라고 들어 봤니?"

"당연히 들어 봤죠~!"

"핸드폰 보험, 자동차 보험 이런 거요!"

"그래그래. 혹시 모를 미래의 위기에 대비하기 위해 미리 조금씩 돈을 내는 걸 '보험'이라고 해. 자동차 보험에 가입해 놨다면 자동차 사고가 나도 보험금을 받아서 사고로 다친 몸을 치료하는 데 사용할 수 있지! 너희들도 오늘 보험에 가입할 거야."

"잉? 보험이요? 저희는 그런 거 필요 없는데요?"

"헉, 설마… 그럼 저희 보험료도 내야 하는 거예요?"

"잠깐잠깐, 설명 좀 들어 봐 애들아!"

연금이 뭔가요?

웅성대는 아이들을 진정시키며 선생님이 말을 이었다.

"만약에 사람들이 젊었을 때 돈을 마음대로 펑펑 쓰다가 나중에 나이가 들어서 돈 없다고 드러누우면 나라의 입장에서는 어떨까?"

살면서 한 번도 생각해 보지 않은 질문에 아이들이 전혀 모르겠다는 표정을 지었다.

"오! 좋을 것 같은데?! 저도 그렇게 살고 싶어요!"

나은이의 장난에 친구들이 키득대며 웃어 댔다.

"에이, 나은아! 장난치지 말고!"

"음… 뭔가 난감하지 않을까요? 모든 국민이 그렇게 살면 나라 전체적으로도 별로 안 좋을 것 같아요. 그런 사람들을 도와주려면 결국 세금을 쓸 수밖에 없을 테니까요."

동현이가 진지하게 이야기했다.

"맞아! 그래서 나라에서는 국민들이 젊을 때 미리 돈을 걷는단다. 그리고 나중에 은퇴를 해서 돈을 벌지 못할 때 국민들이 그동안 냈던 돈에서 일정 금액을 정해 매달 돌려주지. 이걸 국민연금이라고 해. 혹시라도 병에 걸리거나 사고를 당해서 '노후 대비'가 덜 되어 있어도 나라에서 도와줄 수가 있는 거지!"

"노후 대비요?"

"늙을 '노', 뒤 '후'. 나이가 들어서 더 이상 돈을 못 벌 때를 대비하는 걸 노후 대비라고 한단다. 😄"

"그럼 국민들이 젊었을 때 일해서 낸 돈은 어떻게 쓰여요?"

현지가 의심스런 눈빛으로 질문했다. 가끔 뉴스에서 국민들이 낸 세금이 쓸데없는 곳에 쓰인다는 이야기가 나올 때마다 부모님께서 '나라에 도둑놈들이 너무 많아!'라고 했던 게 떠올랐기 때문이다.

"아하~, 현지가 아주 중요한 질문을 했구나. 젊은 사람들이 국민연금에 낸 돈은 크게 두 가지 용도로 사용된단다. 첫째는 지금 나이 드신 어르신들에게 연금을 주는 용도, 둘째는 미래를 위해 세계 여러 나라의 안전 자산에 나눠서 분산 투자해 놓는 용도지."

"투자를 한다고요?!"

'나라가 투자를 한다고?'

강호는 선생님의 말이 무슨 뜻인지 잘 이해가 되지 않았다.

"우리가 돈을 모아서 주식 투자를 하듯 나라도 국민들이 낸 돈을 모아서 최고의 투자 전문가들에게 맡겨 안전하게 돈을 굴린단다. 여러 기업과 자산에 투자해서 수익이 나면 우리나라에 큰 도움이 되겠지? 이렇게 투자를 해서 돈을 많이 벌면 그 돈을 다

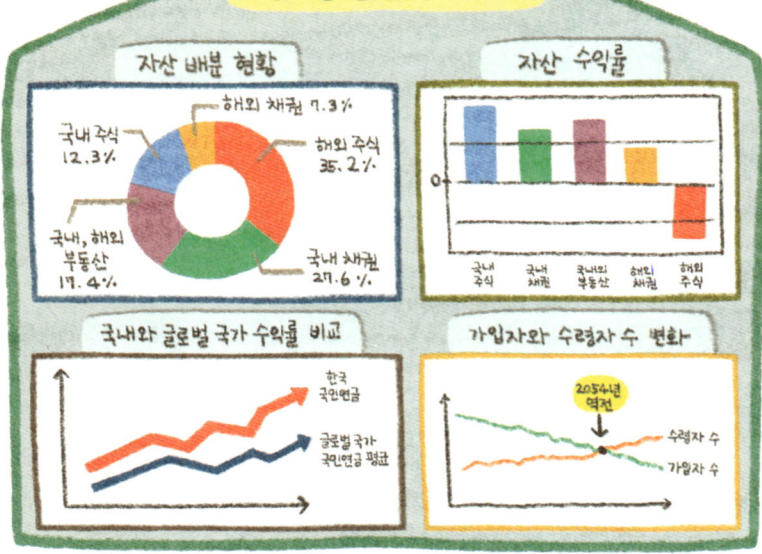

시 국민들이 은퇴를 했을 때 도와주는 용도로 쓰는 거야!"

"대박! 나라가 국민들의 돈으로 투자를 하는 거면 돈이 엄~청 많겠네요?"

나은이가 호들갑을 피우며 물었다.

"당연하지. 지금 국민연금에서 관리하고 있는 돈만 해도 1천 200조 원이 넘는단다. 그리고 2024년엔 투자를 통해 160조 원 정도를 벌었다고 해."

"와~.😮"

"우리나라 전체의 생활비라고 할 수 있는 1년 국가 예산이 700조 원 정도라고 들었는데 진짜 큰돈이네요!"

국민연금에서 1천조 원이 넘는 큰돈을 굴리고 있다는 말에 아이들은 너무 놀라 입을 다물지 못했다.

저는 국민연금 가입하기 싫은데요?

"어쨌든 오늘 고정지출을 올린 이유는 너희들이 '국민연금'이라는 '보험'에 가입했기 때문이란다. 자, 박수~!"

"12월부터는 돈을 못 벌고 모아 놓은 돈으로만 생활해야 하니까 지금 국민연금에 가입해 놓으면 나중에 도움을 받을 수 있으니 난 좋은 것 같은데?!"

계산이 빠른 현지가 바로 긍정적인 의견을 냈다. 지금까지 학급화폐로 젤리를 사 먹거나 청소 면제권, 독서록 면제권을 구입하느라 모아 놓은 돈이 많지 않았던 강호도 일주일에 3만 원으로 노후에 도움을 받는다는 게 좋은 생각 같았다.

'시간이 흐르는 속도가 정말 빠른걸? 쉰여덟 살이 되는 12월부터는 더 이상 돈을 못 버니 지금부터는 정신 바짝 차려야겠어!'

그러나 나은이를 포함한 몇몇 친구들의 생각은 조금 달랐다.

"선생님! 저는 그냥 제가 알아서 잘할 수 있을 것 같은데 연금 가입 안 하면 안 돼요?"

누구보다 방탕한 생활을 하고 있는 나은이가 당당하게 말하니 주변 친구들은 웃기면서도 나은이의 생각에 조금은 공감하는 눈치였다.

"그냥 12월이 되면 어떻게든 잘 살아지지 않을까요? 12월에 어떤 일이 벌어지든 지금 당장 청소 면제권이나 젤리 하나를 더 사는 게 전 좋은걸요? 저는 1학기 때 애플에 투자해서 우리 반 투자 1등을 했단 말이에요! 2학기 때도 제가 알아서 투자를 잘해서 노후… 뭐였더라? 아! 노후 대비를 잘할 수 있을 것 같아요!"

　지금 당장의 행복이 더 중요한 나은이는 일주일에 3만 원이나 고정지출을 더 내야 한다는 게 아까웠다. 게다가 애플에 투자하면서 투자 성적도 좋았기에 왠지 모를 자신감까지 한껏 올라와 있는 상태였다.

　선생님은 그런 나은이를 귀엽게 바라보며 말했다.

　"12월에 노후 대비가 되어 있지 않으면 선생님과 남아서 청소도 해야 하고, 매주 독서록도 써야 할 텐데? 과연 더 이상 돈을 못 버는 12월에도 그런 말을 할 수 있을까?! 그리고 한 번 투자로 돈을 벌었다고 해서 다음에도 꾸준히 돈을 버는 게 쉬운 일은 아니란다."

　"힝…. 그래도 뭔가 고정지출이 더 느는 건 아까운데.😢"

아이들의 볼멘소리가 이어졌다.

"미안하지만 국민연금 가입은 선택이 아니라 의무입니다!"

"으악, 안 돼~!"

나은이와 몇몇 친구들이 소리쳤다.

지금까지 선생님과 해 오던 인생 게임에선 항상 '선택'을 하고 그에 따른 '책임'을 지는 경우가 많았는데 '연금'과 관련해서는 선택이 아닌 '의무'라는 게 강호는 신기했다.

"일주일에 3만 원 정도를 더 내는 게 그렇게 부담스러운 금액은 아니잖니? 😊 은퇴를 하는 12월이 되었을 때 과연 지금처럼 국민연금에 가입한 걸 후회하게 될지 궁금하구나! 그럼 오늘 수업은 여기까지!"

그렇게 우리 반 친구들 모두 노후를 위한 보험, 국민연금에 가입하게 되었다.

'12월의 나'를 미리미리 생각해야 해요!

드디어 강호와 친구들의 인생 게임 후반전이 시작되었네요.

인생 게임 후반전은 '노후를 위한 보험'인 '국민연금' 가입으로 시작했습니다.

그런데 국민연금 가입을 위해 고정지출을 늘린다고 하니 몇몇 친구들의 반응이 좋지 않았죠? 특히나 선생님은 나은이가 한 말이 기억에 남는데요, 다시 한번 살펴볼까요?

"그냥 12월이 되면 어떻게든 잘 살아지지 않을까요? 12월에 어떤 일이 벌어지든 지금 당장 청소 면제권이나 젤리 하나를 더 사는 게 전 좋은 걸요?"

언젠가 나은이가 맞이할 '12월의 나은이'도 지금의 나은이와 같은 나은이일 텐데, 현재의 만족에만 집중하고 있네요. 이렇게 미래에 대한 대비보다는 현재의 만족을 더 크게 생각하는 것을 현재 편향이라고 해요.

잠깐 '편향'이 뭐냐고요? 인생 게임 전반전을 봤던 친구들은 기억할 거예요. 편향은 '한쪽으로 치우침'이라는 뜻으로, 여러분이 잘못된 선택을 하도록 만드는 함정이었어요. 여러분의 건강한 성장을 막는 '편식'과 비슷했지요.

  여러분도 어떤 선택을 할 때, '내가 지금의 만족에만 집중하고 있는 건 아닐까?' 하고 한 번 더 생각해 보는 습관을 가지면 좋겠지요?

  가끔은 미래의 목표를 위해 현재의 만족을 조금 포기할 때 더 좋은 결과가 있기도 하니까요.

  과연… 12월에 맞이할 우리 반 친구들의 노후는 어떤 모습일까요?

인생게임 황금카드 2
국민연금은 모든 사람이 같은 금액을 내나요?

그런데 잠깐!

보험에 가입하면서 강호와 친구들이 내야 하는 '고정지출'이 3만 원이 늘었는데요, 왜 하필 3만 원이 된 걸까요? 실제 어른들도 강호와 친구들처럼 모두가 같은 금액을 국민연금 '보험료'로 낼까요?

그렇지 않답니다. 한 달 월급이 300만 원인 직장인과 한 달에 1억을 버는 손흥민 선수가 같은 금액을 내지는 않겠죠!

그래서 국민연금 보험료는 '보험료율'에 따라 달라진답니다.

만약 보험료율이 10퍼센트라면? 매달 월급에서 10퍼센트를 보험료로 낸다고 생각하면 됩니다. 월급이 300만 원인 직장인은 30만 원, 월급이 1천만 원인 직장인은 100만 원 정도를 국민연금 보험료로 내는 것이지요.

잉? 월급에서 떼어 가는 돈이 너무 많지 않냐고요?

맞아요! 그렇게 느낄 수도 있어요. 그래서 직장에 다니는 사람들은 직장에서 보험료의 '절반'을 내 준답니다. 만약 삼성전자에 다니는 사람이 내야 하는 국민연금 보험료가 50만 원이라면 절반인 25만 원은 삼성전자가 내 주고, 당사자는 나머지 25만 원만 내면 되는 것이지요.

이렇게 국민들이 낸 돈을 모아 최고의 투자 전문가들이 여러 자산에 분산 투자를 해 놓고, 국민들이 은퇴했을 때 다시 돌려주는 것이 국민연금의 핵심 개념이에요.

　참고로 2025년부터 법이 바뀌어서 국민연금 '보험료율'은 9퍼센트에서 13퍼센트로 인상되었답니다.
　우리나라 출산율이 낮아져서 갈수록 국민연금을 낼 젊은 사람들은 줄어드는데 은퇴를 하고 연금을 받을 사람들은 늘어나고 있거든요. 😖
　현재 우리나라 인구가 약 5천 100만 명 정도 되는데, 이대로라면 2072년에는 약 3천 600만 명으로 줄어들 거라고 합니다. 전체 인구의 45퍼센트 정도가 65세 이상일 거라는 예상도 나오고요.
　뉴스에서 왜 저출산·고령화가 심각한 사회문제라고 말하는지 이제 조금은 알겠죠? 우리나라 저출산·고령화 문제가 하루빨리 해결되길 바라 봅니다.

 개학을 하고 어느덧 우리 반 나이가 서른여덟 살이 되었다.
 "와~, 3월에 열세 살에서 시작했는데 벌써 서른여덟 살이야! 시간 진짜 빠르다. 그치?"
 "그러게. 나중에 어른이 됐을 때도 시간이 이렇게 빨리 갈까? 난 안 그랬으면 좋겠는데.😊"
 "왜?"
 "내가 원하는 것들을 이루기 전에 시간이 지나가 버리면 너무 무섭잖아?"
 강호와 동현이가 애늙은이 같은 대화를 나누고 있는데, 선생님이 교실로 들어왔다.
 "얘들아~, 벌써 나이가 서른여덟 살이 되었구나! 축하해! 인생 후반전엔 조금 더 안전하게 투자하는 방법들을 조금씩 배워 볼 거야. 그럼 간단한 게임으로 오늘 수업을 시작해 볼까?! 우리가 오늘 함께 해 볼 게임은 '자모음 무역 게임'이란다!"

강호는 수업 시간 때 배웠던 '무역'의 개념이 떠올랐다.

'나라 간에 서로 물건을 사고파는 거라고 배웠는데…!'

"자, 여기 자모음 카드가 보이지? 팀별로 이 자모음 카드를 조합해 물건 이름을 만들어 오면 선생님이 '돈'을 줄 거야."

그러면서 선생님은 아이들 앞에 돈을 펼쳐 놓았다. 아이들은 모두 깜짝 놀랄 수밖에 없었다. 그건 실제 미국 돈인 '달러'였기 때문이다.

달러의 역사

"오! 선생님! 그럼 저희 그 달러 가져도 되는 거예요?"

"당연히 안 되지. 나중에 너희 후배들도 써야 하는데!"

"뭐예요, 그럼! 열심히 무역 게임 해서 달러를 모아도 아무 쓸모없는 종이 쪼가리잖아요!"

강호가 소리쳤다.

"오~, 강호야! 많이 똑똑해졌는걸? 서른여덟 살이 되더니 두뇌 회전이 빨라졌어."

친구들이 모두 키득대며 웃었다. 그때 선생님이 주섬주섬 책상 밑에서 무엇인가를 꺼내기 시작했다. 바로 '금'이었다. 아이들은 한 번 더 환호했다.

"오!! 설마 달러 가져오면 금으로 바꿔 주는 거예요?!! 대박!!"

"잠깐! 저거 진짜 금이 아닌데? 냉장고에 붙이는 자석이야!!"

아이들의 환호가 1초 만에 수그러들었다.

"하하하!! 진짜 금은 너~무 비싸더라고. 잠깐만 집중해 볼까?! 너희들에게 주는 달러가 '가치'를 가질 수 있게 선생님이 달러 한 장을 찍어 낼 때마다 이 자석 금을 칠판에 붙일게. 그리고 게임 도중에 너희들이 원하면 언제든 달러를 금으로 바꿔 줄 거야. 그리고 금은 나중에 너희들이 좋아하는 젤리로 바꿀 수 있지."

"아~, 달러를 막 찍어 내면 안 되니까, 금이 있는 만큼만 달러를 주고 나중에 저희가 원하면 다시 달러를 금으로 바꿔 준다는 거죠?!"

동현이가 깔끔하게 정리했다.

"그래그래! 설명이 너무 길어졌구나! 그럼 바로 무역 게임을 시작해 볼까?"

친구들은 팀원들과 협동해 자모음 카드를 조합하며 어떻게든 물건 이름을 만들어 내려고 바쁘게 움직였다. 조금씩 달러를 받아 가는 팀이 많아졌고, 그렇게 칠판에 붙은 금 자석이 어느새 꽤 많이 모이게 되었다. 그러자 빨리 젤리를 먹고 싶었던 친구들은

달러가 생길 때마다 바로 금으로 바꿔 갔다.

"야, 빨리빨리!! 달러랑 금 받아 가자!"

"나도 최선을 다하고 있어. 너무 재촉하지 마.😢"

그렇게 친구들이 정신없이 자모음 카드로 이름을 만들던 중, 선생님을 도와 칠판에 금을 붙이고 달러와 금을 바꿔 주던 동현이가 크게 당황한 표정으로 이야기했다.

"어… 선생님… 근데… 준비된 금이 다 없어졌는데요?"

그러자 선생님은 씩 웃으며 기다렸다는 듯이 외쳤다.

"무역 게임 중지!!"

정신없이 게임에 빠져 있던 친구들은 갑작스런 중지 선언에

황당한 표정으로 선생님을 바라보았다.

"아쉽게도 준비된 금이 다 떨어졌구나. 이제부터는 달러를 갖고 와도 금으로 바꿔 줄 수가 없단다."

선생님의 한마디에 아이들은 극대노하기 시작했다.

"뭐예요!! 나중에 달러 갖고 오면 금으로 바꿔 주고, 금이 있는

만큼 젤리로 바꿔 주시기로 하셨잖아요!"

"경제에서 중요한 건 상대방이 약속을 지킬 거라는 믿음, '신뢰'라고 배웠어요!"

"하하하, 미안~. 근데 선생님은 너희들을 속이는 게 참 재밌구나!! '달러의 역사'에 대해 배운 걸 축하해! 😄"

갑자기 달러의 역사라니? 아이들은 선생님의 말이 잘 이해되지 않았다. 알쏭달쏭한 표정을 짓고 있는 아이들에게 선생님이 설명을 이어 갔다.

"선생님이 금이 있는 만큼만 돈을 찍어 내고, 나중에 돈을 갖고 오면 금으로 바꿔 준다고 했지? 이걸 금본위제 라고 한단다. 실제로 달러를 발행하는 미국도 처음엔 이 제도를 채택했었지. 그런데 금본위제에는 치명적인 약점이 하나 있어."

"어떤 약점이요?"

"가끔씩 경제가 어려울 때는 돈을 많이 찍어 내서 경제를 살려야 하는데, 금이 있는 만큼만 돈을 찍어 낼 수 있으니 여러 문제가 발생했단다."

"왜요?"

"돈을 찍어 내고 싶은데 그만큼 금이 없었거든. 그래서 1971년에 미국도 방금 선생님이 한 것처럼 달러를 갖고 와도 더 이상 금으로 바꿔 주지 않겠다고 선언해 버려. 금본위제가 끝나게 된 거지. 이 사건을 당시 대통령이었던 닉슨의 이름을 따서 '닉슨 쇼크'라고 한단다."

"선생님, 근데 실제로 저런 일이 벌어졌으면 다른 나라들이 엄청 화났을 것 같아요! 열심히 무역 활동을 해서 달러를 쌓아 놨는데 갑자기 금으로 안 바꿔 준다고 말을 뒤집은 거잖아요. 당연히 금으로 바꿀 수 없으니까 달러의 가치도 떨어졌을 것 같고요."

동현이는 다른 나라의 입장에서 생각하다 보니 조금 화가 난 것 같았다.

"오호! 당연히 그랬겠지?"

선생님이 동현이의 머리를 쓰다듬으며 설명을 이어 갔다.

"그래서 미국은 석유가 많이 나는 사우디아라비아와 협상을 맺어."

"엥? 갑자기 석유는 왜요?"

"석유는 이 세상이 돌아가는 데 정말 필수적인 자원이거든. 공장을 돌리거나, 자동차를 움직이게 하거나, 우리가 쓰는 플라스틱을 만들 때도 석유가 필요하단다. 이 석유를 사고팔 때 다른 나라 돈 말고 무조건 달러만 쓰면 어떻겠느냐고 이야기한 거지. 대신 미국은 주변의 여러 나라들로부터 군사적으로 사우디아라비

아를 보호해 주겠다고 약속했단다."

"그럼 다른 나라 입장에서는 석유를 사기 위해 무조건 달러가 필요할 수밖에 없었겠네요?!"

"맞아! 그 덕분에 달러를 금으로 바꿔 주지 않아도 달러의 가치를 유지할 수 있게 된 거지!"

무역 게임에서 실제 달러를 쓴 이유

선생님의 설명을 듣던 강호가 옆에 있던 나은이에게 물었다.

"나은아, 선생님은 왜 오늘 무역 게임에서 달러를 썼을까? 우리나라 돈도 있잖아. 선생님이 진짜 달러를 준비하느라 힘들었을 것 같지 않아?"

"해외여행 갔다 왔는데 그냥 남아서 쓰신 거 아닐까?!"

"아마 미국의 경제력이 제일 커서 그런 걸 수도 있어!"

두 사람의 대화를 듣던 현지가 끼어들었다.

"여기 찾아보니까 예전보다 차이가 줄어들고 있긴 하지만 전 세계에서 미국의 경제력이 계속 1등이었는걸?"

"오, 진짜? 전쟁 영화 같은 거 보면서 미국이 군사적으로만 센 줄 알았는데 경제력도 센 나라였구나!"

아이들의 대화를 듣고 있던 선생님이 웃었다.

"잠깐 옛날이야기를 해 줄까? 여러분의 부모님이 태어나지도 않았던 1939년에서 1945년 사이, 유럽에서는 엄청나게 큰 전쟁이 일어났단다. 그걸 2차 세계대전이라고 해. 그 전쟁이 끝나고 많은 나라가 폐허로 변했어. 하지만 미국은 유럽에 전쟁 물자를 수출하면서 큰돈을 벌었지."

"역사 시간에 배운 기억나요. 그때 일본이 우리나라를 식민 지배했고, 결국 미국이 일본에 원자폭탄을 떨어뜨리면서 전쟁이 끝났잖아요?"

"맞아. 그렇게 2차 세계대전이 끝나고 보니 세계 금의 70퍼센트 정도를 미국이 갖고 있게 된 거야. 그래서 세계 44개국 대표들이 미국의 '브레튼우즈'라는 곳에 모여 약속을 하나 했어. '나라들끼리 무역을 할 때는 주로 미국 돈인 달러를 씁시다! 금 28그램 정도의 가치를 35달러로 고정하고, 달러를 갖고 오면 금으로 바꿔 주겠습니다!'라고 말이야. 이걸 '브레튼우즈 협정'이라고 한단다."

"미국이 전 세계에서 금을 가장 많이 갖고 있으니 달러를 갖고 오면 금으로 돌려받을 거라는 '믿음'이 있었겠네요!"

동현이가 큰 깨달음을 얻은 듯 이야기했다.

"물론 아까 말한 대로 금이 부족해지자 미국은 브레튼우즈 협정을 없던 일로 만들어 버렸지."

"와, 정말요? 미국 너무 치사한 거 아닌가요?"

나은이가 빈정대며 말했다.

"그래도 지금까지 미국의 돈인 달러는 나라들 사이에서 무역을 할 때 주로 사용되고 있단다. 이렇게 ==무역을 하거나 나라끼리 결제를 할 때 중심이 되는 통화(돈)==를 ==기축통화==라고 해. 달러는 대표적인 기축통화 중 하나지!"

강호는 우리나라 돈이나 달러나 다 같은 돈인 줄 알았는데 다른 나라와 무역을 할 때 그리고 꼭 필요한 자원인 석유를 사는 데도 달러가 필요하다는 사실이 놀라웠다.

"선생님! 근데 저희가 모아 놓은 달러는 어떻게 해요?! 진짜 젤리로 안 바꿔 주실 거예요?"

"'금본위제' 말고 '젤리본위제' 하면 되잖아요!! 달러 드릴 테니까 젤리로 바꿔 주세요!!"

강호와 친구들이 선생님께 매달렸다.

"그럼 그럴까? 😄"

그렇게 수업이 끝나고 친구들은 맛있게 젤리를 나눠 먹었다.

1달러를 얻으려면 우리 돈 얼마를 줘야 할까요?

달러의 역사와 기축통화에 대해 잘 배우고 왔나요?

금이 있는 만큼만 달러를 찍어 내기로 했던 '금본위제' 그리고 그 금본위제의 폐지.

전 세계 여러 나라들이 서로 무역을 하거나 거래를 할 때 주로 쓰는 돈인 기축통화로 '달러'를 사용한다는 것도 배웠습니다.

그럼 과연 1달러를 얻기 위해 우리나라 돈을 얼마나 줘야 할까요?

마트에 가면 채소와 과일 값이 매일매일 다르듯 '달러의 값'도 매일매일 실시간으로 조금씩 달라진답니다. 요즘은 대략 1,350원 정도를 주면 1달러를 얻을 수 있어요.

어른들은 이렇게 외국 돈을 살 때 내는 돈의 가격을 환율이라고 부른답니다. 바꿀 '환', 비율 '율'

만약 1달러의 가격이 1,000원이었는데 갑자기 1,200원이 되었다면?

달러의 가격이 비싸진 것이겠지요? 며칠 전엔 1,000원만 내면 1달러 한 장을 얻을 수 있었는데, 이제는 1,200원을 내야 1달러 한 장을 얻을 수 있으니까요!

이럴 때 보통 '달러 환율이 상승했다.'라고 표현한답니다.

그리고 우리나라 돈, 즉 '원화'의 가치는 하락했다고 말할 수 있어요.

같은 1달러를 얻는 데 200원이나 더 내야 하니까요.

　반대로 1달러의 가격이 1,000원이었는데 800원이 되었다면?
　이럴 때는 '달러 환율이 하락했다.'라고 표현해요. 그리고 반대로 원화의 가치가 높아졌다고 할 수 있어요.
　왜냐고요? 예전엔 1,000원이나 내야 1달러 한 장을 구할 수 있었는데 이제는 800원만 내면 되니까요.

　이렇게 우리나라 돈과 외국 돈의 교환 비율을 '환율'이라고 합니다.
　나라끼리 서로 무역을 하거나 거래를 할 때 주로 달러를 사용하니 돈의 교환 비율인 환율에 대해 꼭 알고 있어야 하겠죠?

위기에 처했을 때 힘이 되는 든든한 친구, 달러!

이전 시간에 무역 게임을 끝낸 친구들이 맛있게 젤리를 먹고 있었다.

"히히, 맛있다! 처음에 선생님이 금 떨어졌다고 달러 안 바꿔 주겠다고 했을 때 얼마나 놀랐는지 몰라."

멀리서 아이들을 바라보며 웃고 있던 선생님이 등장했다.

"다들 젤리는 맛있게 먹었니? 자, 이번엔 선생님이 또 다른 게임을 준비했어. 메타버스 세상에서 방 탈출 게임을 해 볼까?"

"방 탈출 게임이요?"

링크를 타고 들어가니 강호와 친구들의 캐릭터가 방 탈출 화면에 나타났다.

"자, 각자 캐릭터 꾸밀 시간 5분 줄게. 선생

님이 내는 문제를 푼 사람만 방에서 탈출하는 거야. 가장 늦게 탈출하는 팀이 오늘 우리 반 청소!"

"으악! 선생님!! 😢"

친구들이 캐릭터 이름을 짓고 꾸미느라 정신없는 그때, 갑자기 친구들 캐릭터 위로 그래프 하나가 퉁! 하고 떠올랐다.

"어? 이거 그래프잖아? 수학 시간에 그래프를 배우긴 했는데 이건 뭔가 못 보던 건데?"

익숙하지 않은 모양에 아이들은 고민에 빠졌다.

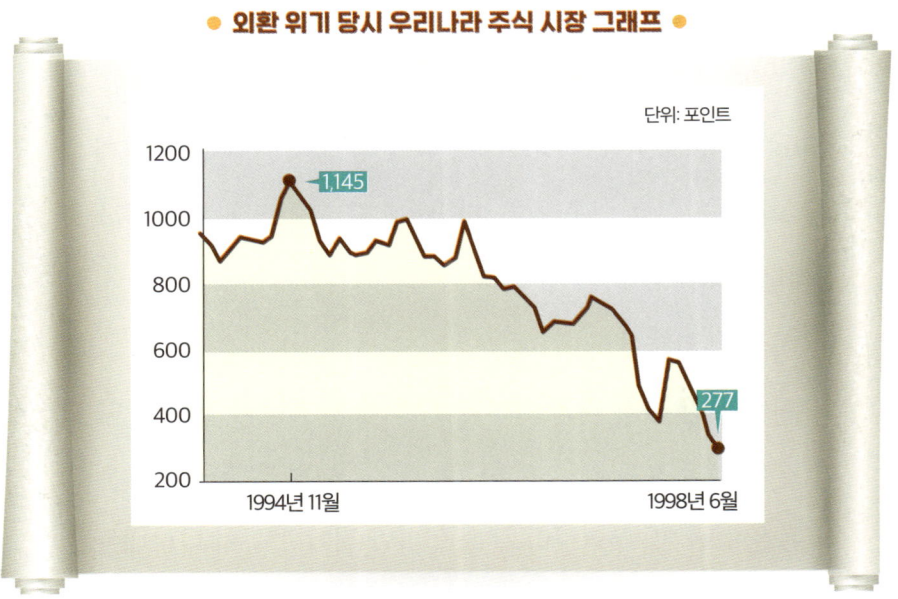

● 외환 위기 당시 우리나라 주식 시장 그래프 ●

"일단 첫 번째 그래프 제목을 보면 '외환 위기 당시 우리나라 주식 시장 그래프'라고 나와 있어."

'외환 위기…?'

생소한 단어를 본 아이들이 머리를 긁적이고 있는데 현지가 소리쳤다.

"얘들아! 이거 우리 1학기 때 배웠던 거잖아!! 1997년쯤, 우리나라에 외국 돈, 특히 달러가 부족해서 큰 경제 위기가 일어났고 이것 때문에 우리나라 기업들이 많이 망했다고 들었어. 회사가 망하니까 사람들도 일자리를 잃어서 많이 힘들어했대."

현지의 설명을 듣자 그래프가 더 위태로워 보였다. 그냥 하락하는 수준이 아니라 거의 곤두박질치는 수준이었기 때문이다. 거의 3년 만에 주식 그래프가 5분의 1 토막이 나는 모습이었다.

아이들이 첫 번째 그래프를 보며 웅성거리는 사이, 두 번째 그래프가 머리 위로 떠올랐다. 이번엔 외환 위기 당시 달러 환율을 나타낸 그래프였다.

"선생님! 환율이 뭐예요?"

"지난 시간 수업 내용 기억나니? 다른 나라랑 무역을 할 때 달러 같은 '기축통화'를 사용한다고 했지? 이렇게 달러와 같은 외국 돈을 얻을 때, 우리나라 돈을 얼마나 줘야 하는지 나타내는 걸

환율이라고 한단다. 저기 그래프에 써 있는 '달러 환율'이 1달러의 가격이야. 즉, 1달러 지폐 한 장을 얻기 위해 우리나라 돈을 얼마나 줘야 하는지를 나타내지!"

"아, 그럼 저 그래프는 달러의 가격을 나타내고 있네요! 그런데 그래프가 뭔가 심상치 않은데요?"

강호와 친구들은 그래프를 보고 뭔가 심상치 않음을 느꼈다. 외환 위기 때 우리나라 주식 시장 그래프는 폭락했는데 반대로 달러의 가격은 엄청나게 폭등하고 있었다.

"외환 위기 전엔 1달러를 800원이면 살 수 있었는데 갑자기 엄청 비싸졌어! 한때는 거의 1,900원까지 올라갔는걸?"

"우리 친구들 선생님과 오랫동안 돈에 대해 공부하다 보니 정말 많이 발전했구나! 그럼 이제 문제를 풀어 볼까?"

한국에 살아도 달러를 알아야 하는 이유

방을 탈출하기 위해 풀어야 하는 문제가 나왔다.

> **문제 1.**
> 1997년에 100만 원을 한국 주식에 모두 투자한 사람은 어떤 심정이었을까?

"이건 너무 쉽지!!"

"엄청나게 무서웠을 것 같아요!"

친구들은 1997년 외환 위기 당시의 주식 시장 그래프를 다시 보며 가슴을 쓸어내렸다.

"정답!"

첫 번째 문제를 푸니 다음 문제가 나왔다.

> 문제 2.
> 1997년에 한국 주식에 50만 원을 투자하고, 달러를 50만 원어치 미리 사 놓은 사람이 있었다. 한국 주식이 폭락하고 반대로 달러 가격이 올랐을 때, 이 사람은 어떤 선택을 해야 자산을 불릴 수 있을까?

친구들은 고민에 빠졌다.

"음… 난 너무 무서워서 한국 주식을 손해 보더라도 다 팔고 도망갔을 것 같은데?!"

겁에 질린 나은이를 보며 선생님이 말했다.

"실제로 주식 시장이 폭락하기 시작하면 사람들은 큰 공포에 휩싸인단다. 그리고 나은이 말대로 겁에 질려서 갖고 있던 주식을 팔아 버리기도 하지. 이걸 패닉 셀이라고 해."

"사람 마음은 다 똑같다더니 나만 그런 생각을 하는 게 아니었네!"

그때 조용히 방 탈출 문제를 분석하고 있던 현지가 손을 들었다.

"선생님, 이 문제 힌트 주시면 안 돼요?! 힌트 한 개만 있으면 잘 풀 수 있을 것 같아요!"

"음… 그럴까?!"

선생님이 또 다른 그래프 한 개를 화면에 띄웠다.

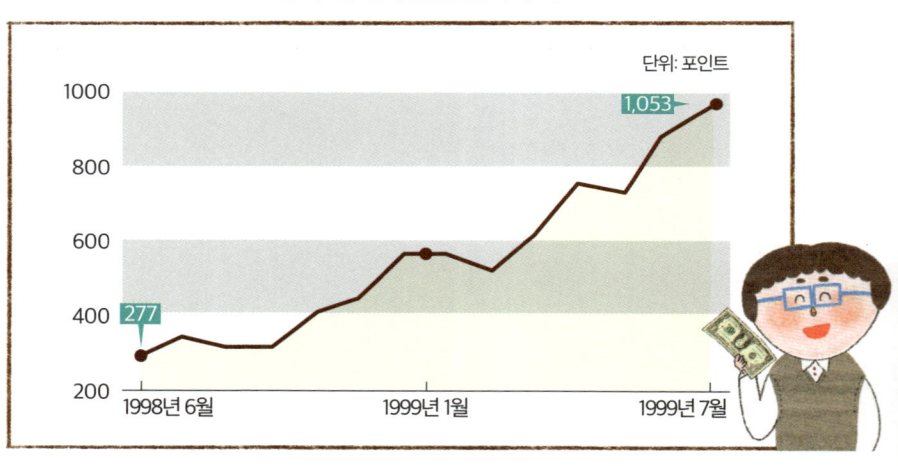

1998년 이후의 주가 그래프였다. 폭락했던 한국 주식 시장의 주가가 언제 그랬냐는듯 다시 상승하고 있었다.

"아! 이제 알겠다!"

현지가 다급하게 소리쳤다.

"아까 외환 위기 당시 주식 시장 그래프에서 우리나라 주식은 완전 폭락했는데 반대로 달러 가격은 올랐잖아! 갖고 있던 달러가 비싸졌으니 달러를 비싸게 팔고 완전 헐값이 된 한국 주식을 샀으면 나중에 돈을 많이 벌었을 것 같은데?! 이 그래프를 봐 봐. 거의 네 배나 올랐잖아!"

"정답!"

현지와 현지네 모둠 친구들이 폴짝폴짝 뛰며 좋아했다.

"아싸~! 우리는 방 탈출 성공!"

"에이~, 그게 가능하면 아무나 다 부자 됐겠다!"

방 탈출을 먼저 하지 못해 뽀로통해진 강호가 소리쳤다.

"그게 무슨 말이야 강호야?"

친구들이 되물었다.

"아니, 이런 일이 벌어질지 딱 예측해서 달러를 사 놨다가 귀신같이 정확한 타이밍에 비싸게 달러를 팔고 폭락한 주식을 사는 게 어떻게 가능해?"

"오~, 우리 강호 날카로운 지적인데?!"

선생님이 강호를 보고 웃었다. 예전과 달리 예리해진 강호의 모습을 친구들이 어딘가 어색한 듯 바라보았다.

"강호가 말한 것처럼 주식이나 부동산 같은 자산을 타이밍 좋게 딱 맞춰 사는 건 정말 어려운 일이란다. 그러니까 평소에 위험 자산인 주식에만 올인하지 말고 달러 같은 안전 자산에도 조금 나눠 투자해 놓는 것이 좋겠지?"

선생님의 설명에 친구들은 모두 고개를 끄덕였다.

한국이 위기인데 달러 가격은 왜 올라갔을까?

"근데 이거 정말로 실제 있었던 일이야? 그냥 선생님이 우리 공부시키려고 만든 가짜 자료 아냐?!"

친구들은 1997년쯤에 정말 저런 위기가 있었다는 게 믿기지 않았다.

"우리나라에 큰 위기가 와서 주식 시장이 폭락한 건 알겠는데 800원밖에 안 하던 1달러의 가격이 갑자기 1,900원까지 올랐어요!!! 왜죠? 이건 잘 이해가 안 되는데요?"

강호가 머리를 긁적이며 질문했다. 그러자 선생님이 빙그레 미소를 띠며 이야기했다.

"이렇게 훌륭한 질문을 하는 학생이 있군요? 수업을 잘 들었다는 증거입니다. 청소 면제권 한 개를 주도록 하겠습니다!"

"안 돼요!!"

"그럼 저도 질문할게요!!"

다른 친구가 잘 되는 게 배 아픈 친구들의 볼멘소리가 이어졌다.

"자자, 집중! 강호가 한국 주식에 투자한 외국인이라고 생각해 볼까? 소중한 돈을 한국에 투자했는데 한국의 분위기가 심상치 않아. 그럼 어떻게 하겠니?"

"당연히 한국 주식을 다 팔고 원래 자기가 살던 나라로 도망치고 싶을 것 같아요!"

"근데, 한국 주식을 팔면 한국 돈으로 바꿔 주는데 그거 들고 도망가서 뭐 하게?!"

'한국 돈을 들고 가면… 아, 맞다! 외국에서는 한국 돈을 내도 아무것도 못 사는구나!!'

강호는 머리를 한 대 세게 맞은 느낌이었다.

"달러로 바꿔 갈 것 같아요!! 한국 돈은 한국 아니면 쓸모가 없으니까요!"

"그래! 한국 주식을 팔아서 자기 나라로 돌아갈 때, 기축통화인 달러로 바꿔서 도망가야 하니까 달러를 달라고 아우성이었겠지. 보유한 달러는 별로 없는데 달러를 원하는 사람들이 갑자기 많

아지니까 달러의 가격이 올라갔던 거란다. 그리고 국가적으로 큰 경제 위기를 겪고 있으니 우리나라 돈의 가치가 떨어진 것도 한몫했고."

한 국가의 경제 상황이 좋지 않으면 그 나라 돈의 가치가 떨어진다는 개념이 아이들은 신기했다.

"어쨌든 경제 위기가 와서 주식 같은 위험 자산이 폭락할 때,

반대로 가격이 오르는 안전 자산이 있다. 그런 안전 자산 중 하나가 바로 기축통화인 달러다! 쉽네!"

동현이가 깔끔하게 정리했다.

"1학기 때 주식으로 큰 손해를 경험해서 그런지 '안전 자산'에 대한 관심이 높아진 것 같구나?! 그럼, 오늘 수업은 여기까지!"

또 다른 안전 자산은 없나요?

방 탈출 게임을 통해 1997년 우리나라에 달러가 부족해 닥친 '외환 위기'에 대해 알아봤습니다.

외환 위기로 당시 우리나라의 많은 기업이 문을 닫았어요. 이로 인해 일자리를 잃은 사람들도 많았고요. 경제가 안 좋으니 당연히 주식 시장도 어마어마하게 폭락했습니다.

이처럼 주식 시장이 폭락할 때, 달러처럼 반대로 가격이 올라갈 수 있는 안전 자산으로는 어떤 것이 있을까요?

많은 전문가들이 달러와 함께 안전 자산으로 뽑는 것이 바로 '금'이랍니다. 금은 종이로 된 지폐가 발명되기 전까지 오랫동안 '돈'의 역할을 해 왔어요. 금은 지구에 존재하는 양이 한정되어 있고, 인간이 마음대로 만들어 낼 수 없어요. 아무나 막 만들어 낼 수 있다면 그걸 사람들이 가치 있다고 생각하지 않겠죠? 그렇게 금은 어떤 것의 가치를 저장하고 교환할 때 쓰일 수 있다고 역사적으로 인정받았답니다. 그래서 많은 사람이 금이 '안전'하다는 '믿음'을 갖고 있는 거예요.

사람들이 투자를 할 때 혹시 모를 상황에 대비해 미리 금을 사 놓기도 하고, 뭔가 불안하거나 위험한 일이 있을 것 같을 때 금 같은 안전 자산을 찾는 이유가 바로 여기에 있답니다.

또 다른 안전 자산으로는 '국채'라는 것이 있습니다.

국채는 쉽게 말해 나라가 사람들한테 돈을 빌리면서 주는 '증서' 같은 거랍니다. 나라가 대체 돈을 왜 빌리냐고요? 공항이나 고속도로 건설 같은 돈이 많이 드는 공사를 하다 보면 돈이 부족할 수가 있거든요. 그럴 때 국채를 발행해서 사람들에게 돈을 빌린답니다.

"우리나라한테 돈 좀 빌려주세요! 은행처럼 매년 이자도 드릴게요!"

은행보다 더 안전한 '나라'에 돈을 빌려주면서 '이자'도 받을 수 있으니 안전하지 않겠어요? 특히 경제 규모가 크거나 안정적인 경제 상태를 유지하고 있는 미국이나 한국 같은 나라의 국채는 인기가 좋겠지요?

그래서 여러분이 어떤 나라의 국채를 산다는 건 그 나라한테 돈을 빌려주고 이자를 받는 것과 같답니다.

그런데 국채가 왜 안전 자산이냐고요?

경제가 불안하거나 주식 시장의 성적이 안 좋을 때, 반대로 국채의 가격이 올라갈 수 있기 때문이죠! 사람들이 불안하니까 "그냥 안전하게 나라에 돈을 빌려주고 이자나 받자."라는 생각에 국채를 사게 돼서 그렇답니다.

물론 경제 위기가 오기 전에 국채를 조금이라도 사 놓은 사람들은 가격이 오른 국채를 팔고, 싼 가격이 된 주식을 살 수도 있고요. 😄

하지만 요즘처럼 전 세계적으로 안전 자산이라 인정받는 미국 국채도 국채를 사 주던 나라들(중국, 일본, 한국, 캐나다 등)이 더 이상 사 주지 않거나 대량으로 팔아 버리면 가격이 떨어질 수도 있어요. 반대로 미국이 국채를 마구 발행해 버리면 기존에 국채를 갖고 있던 사람들은 손해를 보기도 한답니다. 따라서 '투자에 100퍼센트 안전 자산이라는 건 없다'는 사실을 꼭 명심해야 해요.

달러와 함께 대표적인 안전 자산으로 인정받고 있는 금과 국채, 어렵지 않죠?

학기 초 10만 원이던 고정지출은 국민연금 때문에 13만 원이 되어 있었다. 그뿐만이 아니었다. 시간이 지나면서 청소 면제권, 독서록 면제권이나 젤리 같은 상품들의 가격도 함께 올라 있었다.

30년 전 짜장면 가격에 비해 지금 짜장면 가격이 몇 배나 오른 것처럼 우리 반 물가도 그에 맞춰 상승해야 한다는 게 선생님의 논리였다.

"우리 반은 한 달에 다섯 살씩 나이를 먹으니, 물가도 그만큼 훅훅 오른단다~."

"으악~~ 인플레이션(물가 상승) 그만!! 😢"

선생님이 얄밉게 웃으며 이야기하자 아이들이 소리쳤다.

"선생님! 우리 2학기엔 주식 투자 안 해요? 가뜩이나 고정지출이랑 인플레이션 때문에 쓸 수 있는 돈이 적어졌는데 주식으로라도 불려야겠어요!"

"1학기 때 그렇게 주식의 무서운 맛을 보고도 투자해 보고 싶니?!"

"같은 짜장면이라도 뭔가 학교에서 먹으면 더 맛있을 것 같아. 이번엔 꼭 짜장면을 먹겠어! 😋"

강호가 웃으며 이야기했다.

"강호, 너 마이너스 30퍼센트였던 거 기억 안 나?"

친구들이 강호를 놀렸다.

"야~, 그러지 마. 다시 하면 이번엔 진짜 잘할 수 있을 것 같다고! 타임머신을 타고 가서 애플이 잘될 줄 알았더라면 얼마나 좋을까? 그럼 애플에 전 재산을 투자했을 텐데!"

강호가 후회하듯 말했다.

"그게 쉬울까?! 아빠한테 들었는데, 지금 잘나가고 있는 애플도 옛날에 주식 시장에 상장했을 때부터 지금까지 여러 번 주가가 반토막 난 적이 있었대."

"우와, 정말?"

"미래가 어떻게 될지 모르는 상황에서 애플 주식을 계속 갖고 있기가 쉽지는 않았을 것 같아."

역사를 좋아하는 동현이는 애플 주식의 역사도 잘 알고 있었다.

동현이의 이야기를 들은 선생님이 웃으며 말을 받았다.

"1학기 때는 너희들이 궁금해하는 기업에 대해 직접 공부하고 투자해 보았지? 이렇게 주식 시장에서 특정 회사의 주식을 직접 구매해 투자하는 것을 '개별주 투자'라고 한단다. 1학기 때 삼성전자나 애플 같은 개별 회사들을 선택해 투자한 게 다 개별주 투자야. 사실 개별주 투자는 난이도가 정말 높은, 어려운 투자 방법이야. 앞으로 어떤 회사가 잘될지 평범한 사람이 공부하기란 쉬운 일이 아니거든."

"네에? 아니, 그렇게 어려운 건 줄 아시면서 왜 저희한테 시키신 거예요!!"

"처음부터 좀 더 쉬운 방법을 알려 주시지!!!"

"워워~, 처음부터 개별주 투자가 어려운 걸 몸으로 느껴 봐야 그다음 단계에 관심을 가지지 않겠니? 😄"

분통을 터트리며 화를 내는 아이들을 귀엽다는 듯 바라보며 선생님이 말을 이었다.

"자, 진정하고 오늘은 과자로 간단한 실험을 하나 해 볼까?"

사고 싶은 주식이 너무 비쌀 때 살 수 있는 방법

선생님은 초코파이와 몽쉘 같은 과자 상자를 주섬주섬 꺼내 보여 주었다.

"자, 여기 과자 보이지? 이 과자 상자 하나하나를 너희들이 투자했던 개별 주식이라고 생각해 보자. 초코파이는 삼성전자, 몽쉘은 애플, 이런 식으로 말이야."

강호는 맛있는 과자가 주식이라고 생각하니 갑자기 군침이 돌았다. 상자 과자가 6~7개 정도 있으니 더 맛있어 보였다.

"먼저 오늘은 팀전이니 모둠별로 앉아 볼까? 모둠별로 20만 원씩 줄 테니 여기 주어진 과자 주식 중에서 20만 원으로 너희들

이 투자하고 싶은 주식을 골라 보렴. 나중에 수익률을 공개할 건데, 가장 많은 수익을 낸 모둠에 독서록 면제권을 주도록 하겠습니다!"

아무 정보도 주어지지 않은 상태에서 투자할 주식을 랜덤으로 고르라니?! 친구들은 당황스러웠지만 운을 믿고 몇 개의 과자 주식을 골랐다.

"자, 그럼 수익률을 발표해 볼까?"

"뭐야!! 네이버 왜 이렇게 많이 올랐어요?"

아이들이 또 화를 내기 시작했다. 참 화가 많은 친구들이다. 하지만 그런 친구들 뒤엔 그런 상황을 설계하는 선생님이 있었다.

"워워~~ 진정하렴. 방금 너희들이 주식을 고르면서 불편했던 점이 있었지? 잘 생각해 보고 하나씩 말해 볼래?"

아이들은 길게 고민하지 않고 앞다퉈 이야기하기 시작했다.

"선생님이 20만 원밖에 안 주셨는데 주식 한 주, 한 주가 너무 비쌌어요. 그래서 다양한 주식에 분산 투자 할 수 없었어요."

"네이버가 제일 많이 올랐는데 네이버는 한 주에 25만 원이라서 아예 한 주도 살 수 없었잖아요. 😢"

"그래, 맞아. 너희들이 느낀 불편함을 이미 어른들도 오래전부터 느껴 왔단다."

선생님은 아이들의 불만을 예상했다는 듯 웃으며 말을 이었다.

"자, 그럼 이제 과자 상자를 뜯어서 안에 있는 과자를 다 책상 위에 쏟아 볼까?"

나은이와 몇몇 친구들이 신이 나서 과자를 뜯기 시작했다.

"와! 과자 먹는 시간이다! 빨리 뜯자!"

그런데 책상 위에 쏟아진 과자 겉에 무언가 글씨가 써 있었다.

"선생님, 이게 뭐예요?!"

개별 포장된 과자 겉면에 '삼성전자 주식 조각', '네이버 주식 조각'이라는 라벨이 붙어 있었다.

"아까 주식 한 주 가격이 너무 비싸서 다양한 주식에 투자할 수 없었잖아. 그래서 선생님이 생각해 냈지! 과자를 낱개로 개별 포장한 것처럼 주식도 여러 개로 나눠 낱개로 팔면 어떨까 하고 말이야."

"아~, 초코파이 한 상자는 비싸서 못 사도 낱개는 그만큼 나누기를 해서 가격이 싸지니까 저희가 가진 돈으로 살 수 있겠군요!"

강호가 과자를 낱개로 나눈 이유를 알겠다는 듯 말했다.

"선생님~, 저는 그런 건 잘 모르겠고 이제 과자 먹을게요! 잘 먹겠습니다~!"

나은이가 봉지를 뜯으려는 순간, 선생님이 다급하게 소리쳤다.

"나은아~! 잠깐! 아직 끝난 게 아니야. 애들아, 우리 낱개 과자

들을 섞어서 한 바구니에 담아 볼까?"

선생님의 말에 친구들이 주섬주섬 과자들을 꺼내 바구니에 담기 시작했다. 바구니가 여러 종류의 과자 주식 조각들로 가득 찼다.

"오호~, 다양한 주식 조각들이 한 바구니에 담겨 있어요."

"이렇게 하니까 아까 비싸서 못 샀던 네이버 주식도 담을 수 있네요!"

"너희들이 방금 만들어 본 것처럼 여러 종류의 주식 조각을 한 개의 바구니에 담아 놓은 투자 상품을 ETF 라고 해. 원래는

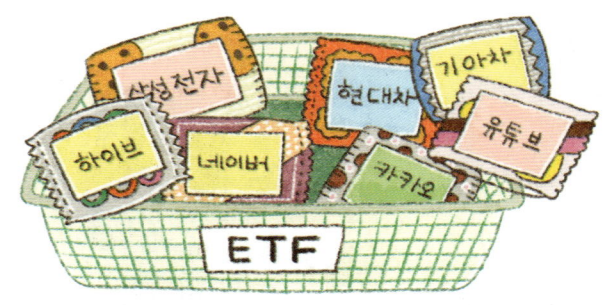

엄청 긴 영어 단어인데 너무 어려우니까 여기선 패스~. "

"ETF? 뉴진스의 ETA는 들어봤는데 ETF는 처음이다."

나은이가 또 엉뚱한 소리를 했다.

"그리고 투자를 할 때 이 '바구니' 한 개만 사면 여러 주식에 자동으로 '분산' 투자를 할 수 있단다."

"주식을 담아 놓은 바구니 한 개만 사면 여러 주식에 한 번에 투자할 수 있다고? 완전 대박인데?"

강호는 ETF라는 금융상품이 너무 흥미로웠다. 뭔가 새로운 발명품 같기도 했다. 그때 동현이가 큰 깨달음을 얻었다는 듯이 소리쳤다.

"우리 실과 시간에 배웠던 발명 기법 중에 '쪼개기, 나누기 기법'을 사용한 거네!"

동현이의 말을 들은 강호는 문득 궁금해졌다.

"동현아, 근데 이런 ETF 바구니 한 개에 몇 종류의 주식을 넣을 수 있을까?"

"글쎄… 마트 장바구니에도 넣을 수 있는 물건 개수에 한계가 있으니까 30개 정도 넣으면 많이 넣은 거 아닐까?"

"그렇지 않아. 수천 개의 주식 조각을 담을 수도 있단다."

강호와 동현이의 대화를 듣던 선생님이 옆에서 대답했다.

"우와~!!"

ETF라는 바구니 한 개만 사면 수천 개나 되는 주식에 분산 투자를 할 수 있다는 게 놀랍기만 한 친구들이었다.

"아! 뭔지 알겠어요. '계란을 한 바구니에 담지 말라.'라는 투자 격언이 있잖아요. ETF는 계란을 여러 바구니에 나눠 담을 수 있게 해서 안전한 투자를 도와주는 상품인 거네요?!"

옆에서 설명을 듣던 강호가 너스레를 떨며 덧붙였다.

"그래! 맞아, 강호야. 그래서 전문가들은 너희들이나 선생님 같은 일반인들에게 이 ETF를 활용해 투자하라고 추천한단다. 수백, 수천 개 기업에 분산 투자하는 ETF를 고르면 조금 더 안전하게 투자할 수 있거든!"

선생님이 왜 손수 과자까지 준비해서 ETF를 알려 주려 했는지 아이들은 조금씩 이해하고 있었다.

우리들만의 ETF를 만들어 보자!

"그럼 이제 너희들만의 ETF를 한번 만들어 볼래?"

"우리들만의 ETF요?"

다짜고짜 스스로 ETF를 만들어 보라는 말에 아이들은 당황해 다들 멍하니 있었다.

"쉬울 것 같은데? 그냥 아무 주식 조각이나 바구니 하나에 담으면 되는 거죠?"

단순하게 생각하는 나은이가 아무 주식 조각이나 바구니에 넣으려고 하자, 선생님이 나은이를 말리며 말했다.

"잠깐! 나은아! 바구니에 함께 넣는 주식들은 '공통점'이 있어야 해."

"공통점이요?"

"예를 들어 한국 주식이나 미국 주식처럼 한 나라의 주식들만 넣거나 아니면 자동차나 게임 회사처럼 같은 분야의 주식들만 넣거나, 이렇게 말이야."

"아하~, 알겠어요!"

아이들은 아까 받은 과자들로 ETF를 만들기 시작했다.

"현지야, 우린 무슨 ETF 만들까?"

강호가 같은 모둠인 현지에게 물었다.

"음… 공통점만 있으면 된다고 했으니까…. 선생님! 그럼 저희 1학기 때 배웠던 시가 총액 기준으로 1등부터 10등까지 기업들만 골라서 담아도 돼요?"

축구선수에게 몸값이 있듯 기업들도 가치에 따라 '몸값', 즉 시가 총액이 있다는 걸 기억하고 있던 현지였다.

"물론이지!"

동현이와 나은이도 고민이었다.

"우린 무슨 ETF 만들지?"

"힝…, 모르겠어."

"나은아~, 빨리 만들어야 우리 과자 먹을 수 있단 말야. 😢"

"그럼 우리가 좋아하는 게임 회사를 담은 ETF는 어떨까?"

"그래! 너 무슨 게임 좋아해?"

"나 쿠키런이랑 발로란트랑 피파 온라인?"

좋아하는 게임들을 생각하자 ETF 하나가 뚝딱 만들어졌다.

"별거 아닌데?!"

"어머! 그럼 우리는 만들어야 하는 ETF가 정해져 있네? 😄"

아이돌을 좋아하는 학생들은 벌써 자기네들끼리 모여 기획사 ETF를 뚝딱 만들어 냈다. BTS나 세븐틴, 아이브 등 아이돌을 좋

아하는 학생들이 강호네 반에는 많았기 때문이다.

"다들 제법인걸? 자, 그럼 ETF의 이름도 만들어 볼까?? 이름을 들었을 때 어떤 분야의 주식을 담은 ETF인지, 또는 몇 개의 주식을 담았는지 딱 알아볼 수 있으면 좋단다."

아이들은 ETF의 이름도 뚝딱뚝딱 잘 만들어 냈다.

'한국에서 내가 제일 잘나가 TOP 10 ETF'

'엄마 몰래 게임 ETF'

'오빠/언니 너무 멋져 ETF'

"다들 재밌게 잘 만들었구나?!"

"선생님! 이제 빨리 과자 먹어요!"

"하하~, 그럴까?!"

친구들은 앞으로의 투자 인생에서 큰 도움이 될 ETF라는 투자 상품도 배우고 과자도 맛있게 먹을 수 있었다.

ETF에 대해 좀 더 알고 싶어요!

과자 실험으로 ETF 투자 상품을 뚝딱 만들어 낸 강호네 반 이야기, 잘 봤나요? 주식을 쪼개고, 공통점에 따라 한 개의 바구니에 담다니, ETF를 개발한 사람은 천재 같아요!

참, ETF는 'Exchange Traded Fund'의 약자랍니다. 우리말로는 '상장 지수 펀드'라고 하는데 너무 어렵죠? 그냥 여러 회사의 주식에 분산 투자할 수 있도록 도와주는 금융상품이라고 생각하면 좋을 것 같아요.

그럼 ETF에 대해 조금만 더 알아볼까요?

1. 한국을 대표하는 기업 1~10등을 담은 ETF에 투자했는데 시가 총액 순위가 바뀌면 어떡해요?

강호가 한국을 대표하는 10개 기업을 담은 ETF에 투자했는데 10등 기업에 안 좋은 일이 생겨서 등수가 11등으로 내려갔어요. 그럼 어떤 일이 벌어질까요?

그때는 ETF를 관리하는 곳에서 공백이 생긴 10등 자리에 새로운 10등 기업의 주식을 채워 넣는답니다.

축구 경기를 할 때 제일 잘하는 선수 11명을 뽑았는데 어떤 선수가 부상을 당해 빠지면 그다음으로 잘하는 선수가 들어가는 것과 똑같은 원리라고 생각하면 쉽습니다.

2. 투자의 세계에는 다양한 종류의 ETF가 있어요!

강호와 친구들이 과자 쪼개기 실험을 하면서 만들었던 게임회사 ETF, 연예기획사 ETF처럼 특정한 산업에 투자하는 ETF도 있고, 한 국가를 대표하는 기업만 모아 놓은 ETF 등 정말 다양한 종류의 ETF가 있으니 여러분의 관심사를 반영하는 ETF를 찾아보세요.

3. ETF는 무조건 안전하고 좋은 것일까요?

꼭 그렇지는 않아요. 예를 들어 어떤 ETF는 하루 수익률에 곱하기 2를 하기도 합니다. 하루에 주식 시장이 3퍼센트 오르면 두 배, 즉 6퍼센트가 오르는 것이죠. 반대로 주식 시장이 떨어지면 두 배로 떨어지고요. 이런 ETF를 레버리지 ETF(지렛대)(leverag ETF)라고 해요.

또 주식 시장과 반대로 움직이는 ETF도 있답니다. 주식 시장이 하루에 3퍼센트 오르면 반대로 3퍼센트 하락하는 상품이랍니다. 이를 인버스 ETF(반대의)(inverse ETF)라고 해요.

이런 위험이 큰 ETF로도 상황에 따라 돈을 벌 수 있지만 여러분의 투자 성향과 실력에 맞는 ETF를 선택하는 게 가장 중요하겠죠?

그럼 여러분과 선생님 같은 일반인들은 어떤 ETF를 선택하는 것이 좋을까요? 전문가들이 말하길 일반인들은 게임, 반도체, 전기차 같은 특정 분야의 주식들만 모아 놓은 ETF를 사는 것이 위험할 수도 있다고 합니다. 예를 들어 반도체 분야가 좋지 않으면 길게는 몇 년 동안 주식이 안 오르는 경우도 있거든요. 그리고 여러분이나 선생님 같은 일반인들이 어떤 산업 분야를 깊게 이해하는 것도 어려운 일이고요!

그래서 전문가들은 미국, 유럽 같은 선진국(정치, 경제, 문화의 발달이 앞선 나라)이나 한국, 중국, 인도 같은 신흥국(경제, 문화 등이 두드러진 발전을 보이고 있는 나라) 등 국가 단위로 지역을 나눠 투자하라고 추천한답니다.

"시원하게 올라야 좋은데 대체 왜 안 오르는 거야!"

나은이가 아침부터 투덜대고 있었다.

"나은아, 무슨 일이야?"

"며칠 전에 아빠가 추천해 준 주식에 진짜 돈으로 투자를 했는데 주가가 별로 안 오르고 그냥 제자리에만 있어서 답답해!"

1학기 때 모의 투자로 1등을 하자, 부모님과 함께 실제 돈으로 투자를 시작한 나은이었다.

"주식은 쌀 때 사서 비쌀 때 팔아야 한다고 어디서 들었던 것 같은데, 빨리 주가가 올라야 나중에 비싸게 팔 수 있잖아! 😢"

실제 돈으로 투자를 하고 있어서 그런지 나은이가 조금 조급해 보였다.

"주식이 언제 제일 싼지 누구나 쉽게 알 수 있으면 아무나 다 부자 됐겠다!"

"제대로 조사해 보고 투자한 거 맞지? 민서도 1학기 때 아빠 말만 듣고 로블록스에 엄청 많이 투자했다가 모의 투자에서 꼴등했었잖아~."

강호와 동현이가 나은이를 진정시켰다.

"오~, 우리 나은이! 오늘도 좋은 공붓거리를 제공해 주는구나?"

오늘도 역시나 멀리서 지켜보던 선생님이 등장했다.

"잉?! 저는 그냥 투덜거린 것밖에 없는데요?"

"방금 나은이가 말한 것처럼 주식이나 부동산 같은 자산을 싸게 사서 비싸게 팔았을 때의 이익을 시세 차익이라고 해. 삼성전자 주식 한 주를 1만 원에 사서 1만 5천 원에 팔았다면 시세차익이 5천 원인 거지."

"맞아요, 선생님! 제가 원하는 게 바로 그거예요! 화끈하게! 시원하게! 제가 투자한 주식이 막 올라서 시세…? 뭐였더라? 아,

시세 차익을 얻고 싶어요!"

나은이뿐만 아니라 대부분의 아이들이 처음 주식을 떠올렸을 때 생각한 것이 시세 차익이었다. 영화나 드라마에서 봤던 것처럼 주인공이 산 주식이 막 두 배, 세 배씩 올라서 큰 돈을 버는 것 말이다.

그러자 들뜬 나은이를 진정시키며 선생님이 어떤 회사의 주식 그래프를 보여 주었다. 바로 미국 기업 '마이크로소프트'의 주가 그래프였다.

"선생님, 이 회사는 엄청 유명한 회사잖아요! 전 세계 시가 총액 5등 안에 들어가는 회사인데?"

"맞아, 나은아! 우리가 쓰는 대표적인 컴퓨터 프로그램인 '윈도우'를 만드는 회사야. 그런데 이렇게 대단한 회사도 거의 10년 동안 주식 가격에 큰 변화 없이 조금씩만 움직였단다. 이걸 주가가 '횡보'한다고 해."

"헉, 10년 동안 주가에 큰 변화가 없을 수도 있다고요? 그럼 시세 차익을 얻을 수 없는 거잖아요?"

'저렇게 대단한 회사도 10년 동안 주가가 제자리였을 때가 있었다니…. 저 당시 투자한 사람들은 얼마나 답답했을까?'

나은이는 안 그래도 답답한 마음이 더 답답해졌다.

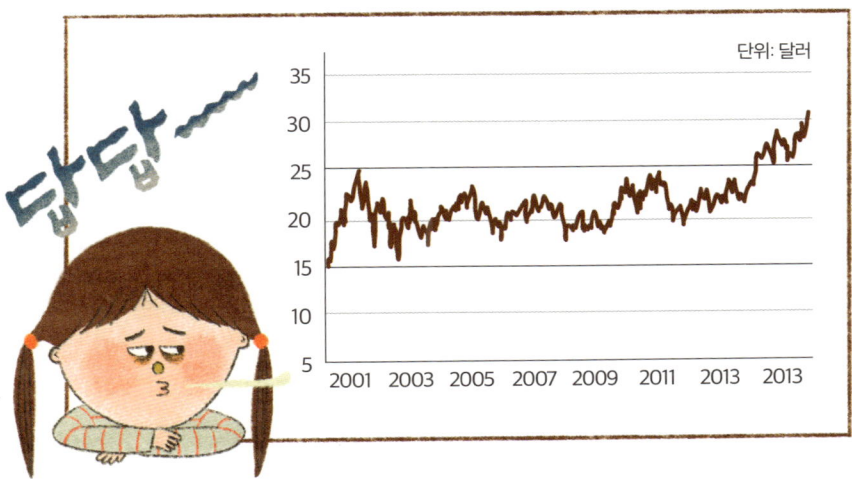

"나은아~, 아직 너무 걱정하지 말고! 시세 차익말고도 주식으로 돈을 벌 수 있는 방법이 있단다."

"정말요? 어서 빨리 알려 주세요!"

나은이와 친구들이 선생님을 간절한 눈빛으로 쳐다보았다.

주식인데 은행처럼 이자를 준다고?

"애플이나 삼성전자 같은 회사들은 물건이나 서비스를 팔아 돈을 벌지? 그렇게 번 돈을 주식을 소유한 주주들에게 나눠 주는 회사들이 있어."

"잉?! 기업이 힘들게 번 돈을 주주들에게 나눠 준다고요? 주식을 갖고 있는 주주 입장에서는 너무 고마울 것 같은데요?"

"하하, 생각만 해도 기분이 좋지? 이렇게 기업이 번 돈 중 일부를 주주들에게 나눠 주는 걸 '배당'이라고 해. 배당을 주는 주식을 '배당주', 배당으로 나온 돈을 '배당금'이라고 하고."

"그런데 저한테 배당을 왜 설명해 주시는 거예요? 저는 그냥 제가 투자한 주식의 주가가 안 올라서 투정 부리고 있었는데?"

나은이는 아직도 이해가 안 됐다.

"주식으로 돈을 버는 방법에는 시세 차익만 있지 않다는 걸 알려 주고 싶었거든. 만약 나은이가 배당을 주는 배당주에 투자하고 있었다면? 주가는 오르지 않아도 꾸준히 배당금을 주니 조금 더 마음 편하게 투자를 할 수 있지 않을까?"

"은행에 돈을 맡기면 이자를 주는 것처럼 주식을 갖고 있으면 얼마씩 기업이 돈을 준다는 거군요!"

투자로 돈을 벌 수 있는 새로운 방법을 알게 된 친구들은 기분이 좋아졌다.

"선생님! 그럼 주주들에게 배당금을 주는 대표적인 주식으로는 어떤 게 있나요?! 나중에 투자해 보고 싶어요!"

"음… 배당금을 주는 기업은 정말 많은데… 너희들이 알 만한 기업으로는…."

선생님은 잠시 고민하더니 말했다.

"그래! 코카콜라 이야기를 해 줄게!"

버핏 할아버지는 배당금으로 얼마를 벌었을까?

"1학기 때 버핏 할아버지 이야기했던 거 기억나니?"

"네! 당연하죠!"

"워런 버핏 할아버지는 1988년부터 본격적으로 코카콜라에 투자하기 시작했어. 1988년에 코카콜라 한 주를 사면 배당금으로 1년에 약 0.03달러를 줬대."

"0.03달러요?"

"에이~, 1달러도 아니고 0.03달러면 너무 적은 거 아니에요?"

"별것 아닌 거 같아 보이지? 하지만 버핏 할아버지는 꾸준히 코카콜라 주식을 사 모았어. 그리고 지금은 코카콜라 주식을 '4억 개' 모았단다."

"헐! 4억 개나요?"

"정확히 말하자면 4억 '주'라고 하는 게 맞겠지?"

"버핏 할아버지는 코카콜라가 그렇게 맛있으신가? 왜 이렇게 코카콜라 주식을 많이 사셨지?"

"우와~, 배당주를 4억 주나 갖고 있으니 버핏 할아버지는 배당금으로 떼돈 벌었겠다!"

아이들끼리 수군거리자 현지가 반박하며 말했다.

"음… 그래 봤자 배당금으로 그렇게 큰돈을 받는 건 아닐걸?"

현지가 칠판에 식을 계산하며 말했다.

"코카콜라 주식 한 주를 갖고 있으면 0.03달러를 배당금으로 주니까… 4억 주를 갖고 있다고 했지? 4억 곱하기 0.03달러 하면 1,200만 달러잖아. 그리고 1달러를 대략 1,200원으로 계산하면 1년에 144억 원 정도를 배당금으로 받는 거야."

"오오! 역시 우리 반 똑똑이 현지!"

아이들이 현지의 빠른 계산을 보며 감탄했다.

"하지만 현지의 말은 틀렸단다."

선생님이 조용히 미소 지으며 말했다.

"네? 왜요?!"

똑똑하고 분석적인 현지의 대답이 틀렸다니, 현지를 포함해 아이들 모두가 당황한 표정을 지었다.

"왜냐하면 코카콜라는 돈을 점점 더 잘 벌게 되면서 조금씩 배당금을 늘렸거든."

"배당금을 '늘린'다고요?"

"아까 선생님이 코카콜라 한 주에 얼마의 배당금을 줬다고 했었지?"

"0.03달러요!"

"그래, 맞아. 그런데 지금은 한 주당 1.9달러의 배당금을 주고 있어. 30년 넘는 기간 동안 기업이 성장하면서 배당금을 계속 늘려 온 거지. 배당금이 거의 60배 넘게 올랐단다."

"60배?!"

아이들의 입이 떡 벌어졌다.

"기업에서 주는 배당금이 늘어날 줄은 상상도 못 했어요."

"그럼 버핏 할아버지가 1년 동안 받는 배당금도 다시 계산해 봐야겠는데요? 아까 계산했을 때 144억 원 정도의 배당금이 들어온다고 했는데 여기다 60을 곱하면…?"

현지가 다시 칠판에 계산을 했다.

"8,640억…?! 주식을 팔지 않고도 은행 이자처럼 1년 배당금으로만?!"

현지와 친구들은 벌어진 입을 다물지 못했다.

"하하하, 너무 놀라지 말고! 이렇게 기업이 주는 배당금이 점점 늘어나는 것을 배당 성장이라고 한단다. 버핏 할아버지가 코카콜라 주식을 모으는 데 쓴 돈이 1조 6천 억 원 정도 되니까, 매년 투자금의 절반 정도를 배당금으로만 받는다고 할 수 있지."

버핏 할아버지의 이야기를 들으니 투자가 참 쉬워 보였다.

'처음 투자한 돈의 절반 정도를 매년 다시 배당금으로 받는다고?'

강호는 마치 은행에 1천만 원을 맡기면 1년 뒤 이자로 500만 원을 받는 듯한 느낌이었다. 그것도 한 번만 받는 게 아니라 주식을 갖고 있는 한 영원히 받는….

"어? 그럼 무조건 코카콜라에만 투자하면 되겠네?!"

"우리 떡볶이 먹고 햄버거 먹을 때 콜라도 많이 먹잖아. 설마 코카콜라가 망하겠어?"

"나도 코카콜라에 장기 투자해서 나중에 배당금 엄청 많이 받을래!"

갑자기 교실에는 코카콜라 투자 열풍이 불고 있었다.

역시나 항상 뭐 하나가 좋아 보이면 거기에만 올인하는 아이들이었다.

한 기업이 계속 잘나갈 수 있을까?

"얘들아! 잠깐잠깐. 진정 좀 해 봐."

동현이가 친구들을 진정시키며 말했다.

"버핏 할아버지 같은 투자 고수는 좋은 주식을 알아보는 눈이 있고, 운이 좋게 코카콜라가 잘되면서 배당을 많이 받는 걸 수도 있잖아. 그리고 혹시 알아? 코카콜라의 강력한 경쟁 상대가 나타난다면?"

코카콜라의 경쟁자? 강호와 친구들이 고민하고 있을 때, 나은이가 등장했다.

"아, 맞다! 펩시가 있었네!"

"나이키의 경쟁자로 아디다스가 있기도 하고."

생각해 보니 유명한 기업들은 모두 경쟁자가 있었다.

"그리고 유행은 계속 변하잖아!"

이번엔 현지가 덧붙였다.

"혹시 알아? 유행이 바뀌어서 사람들이 코카콜라 대신 다른 음료를 찾게 될지? 언젠가 아빠가 오래전에 사용하던 휴대폰을 보여 주셨는데 거기 'NOKIA(노키아)'라고 적혀 있었어. 아빠 말씀이 그 회사가 옛날에 전 세계 휴대폰 1등 기업이었는데 스마트폰

이 유행하면서 적응하지 못하고 역사 속으로 사라졌대."

"지금 우리가 휴대폰 하면 떠올리는 기업은 애플이나 삼성이지 노키아라는 기업은 들어 본 적도 없잖아!"

동현이와 현지의 이야기를 듣자 방금 전까지 코카콜라에 올인하겠다는 아이들이 갑자기 조용해졌다.

"정~말 혹시라도 코카콜라에 안 좋은 상황이 생기면 어떡해? '회사 상황이 안 좋아져서 배당을 줄이겠습니다. 죄송해요~' 이렇게 말할 수도 있지 않을까? 그러면 실제로 배당금을 줄일 수도 있고!"

동현이다운 생각이었다. 역사에 관심이 많은 동현이는 우리가 예상치 못한 어떤 일이든 일어날 수 있다는 생각을 갖고 있는 듯했다.

"우리 동현이 좋은 지적인데? 실제로 회사 상황이 어려워지거나 경제가 안 좋아지면 배당금을 줄이거나 없애는 기업들이 있기도 하단다. 그리고 한때 잘나가던 기업들이 망하는 경우도 정말 많아. 그래서 주식 투자가 어려운 것이지."

쉽게 부자가 될 수 있을 거란 생각에 들떴던 아이들이 또다시 시무룩해졌다.

그때 강호의 머릿속에 엄청난 아이디어가 떠올랐다.

"잠깐만!! 우리 지난번에 '과자 쪼개기 실험' 했던 것 기억나?"

"갑자기 무슨 말이야?!"

"공통점이 있는 여러 주식 조각들을 한 개의 바구니에 모아 놓은 게 ETF라고 하셨잖아. 그럼 안정적으로 배당을 주는 주식들만 모아 놓은 '배당 ETF'도 있지 않을까?"

동현이는 머리를 한 대 세게 맞은 느낌이었다.

"오!! 만약 그런 ETF가 있다면 좋겠네!"

"배당을 따박따박 주는 주식들만 하나의 바구니에 모아 놨을 테니 배당금도 많이 나올 거고 여러 기업에 분산 투자하니까 더 안전할 것 같은데?"

아까 주식이 빨리 안 오른다고 투덜대던 나은이가 새로운 발견에 기뻐하며 외쳤다.

주식을 사서 가격이 오를 때 팔아 돈을 버는 시세 차익 전략만 있는 줄 알았는데 다른 전략도 있었네?

일단 내가 투자한 주식이 어떻게 될지는 몰라도 배당을 주는 주식에도 관심을 가져 봐야겠는걸?

주가가 오르지 않아도 은행처럼 이자, 아니 배당금을 따박따박 주니까!

시무룩해졌던 아이들이 다시 눈을 반짝였다.

인생 게임을 하며 점점 더 금융에 눈을 뜨고 있는 아이들이었다.

이자에는 이자율, 배당에는 배당률

코카콜라 배당 이야기 잘 들었나요?

주식 가격이 오르지 않아도 주식을 갖고만 있으면 기업이 은행 이자처럼 배당금을 주다니 정말 신기하지요?

그런데 어떤 친구들은 궁금할 거예요. 배당을 주는 건 알겠는데 대체 얼마를 주는 건지 말이죠.

인생 게임 전반전에서 은행에 돈을 맡겼을 때 받게 될 이자를 숫자로 표현해 '이자율' 또는 '금리'라고 부른다고 했어요.

100만 원을 은행에 맡기고 1년 뒤에 이자로 5만 원을 받는 예금에 가입했다면?

$$\frac{5만\ 원(이자)}{100만\ 원(맡긴\ 돈)} \times 100 = 5\%$$

예금 금리가 5퍼센트라고 말할 수 있죠!

이렇게 금리처럼 배당금을 얼마나 주는지 숫자로 표시하면 조금 더 알아보기 쉽겠죠? 금리처럼 여러분이 투자한 주식이 배당을 얼마나 주는지 표시한 숫자를 '배당률'이라고 합니다.

예를 들어 코카콜라 한 주의 가격이 100달러인데 최근 1년간 주식 한 주당 3달러의 배당금을 주었다면?

$$\frac{3달러_{(최근 1년 배당금)}}{100달러_{(한 주당 가격)}} \times 100 = 3\%$$

이때 이 3퍼센트를 배당률이라고 한답니다.

그럼 은행에 돈을 넣고 이자를 받는 것과 배당을 주는 주식, 즉 배당주에 투자하는 것에는 어떤 차이가 있을까요?

만약 여러분들이 은행에서 금리 3퍼센트 예금에 100만 원을 넣었다면 은행은 무슨 일이 있어도 1년 뒤에 처음 맡긴 100만 원과 이자 3만 원을 여러분에게 돌려준답니다(세금 제외).

하지만 여러분이 배당률 3퍼센트의 코카콜라 주식에 100만 원을 투자한다면 어떨까요? 1년 뒤, 여러분이 받을 배당금이 3만 원을 넘을 수도, 3만 원보다 적을 수도 있답니다. 코카콜라의 배당률 3퍼센트는 '과거'에 줬던 배당금으로 계산된 것이니까요.

그리고 만약 코카콜라 회사에 무슨 문제가 생겨서 주식 가격이 떨어진다면? 1년 뒤에 처음 코카콜라에 투자했던 100만 원이 50만 원이 되어 있을 수도 있겠죠?

다행히 워런 버핏 할아버지가 투자한 코카콜라는 배당금도 계속 늘어났지만 주식의 가격도 크게 올랐답니다! 역시 버핏 할아버지는 최고의 투자자인 것 같네요!

6장
축구엔 포메이션, 투자엔 포트폴리오!

여름이 되면서 축구를 좋아하는 학생들 사이에서는 또 하나의 중요한 '시즌'이 시작되었다. 바로 잉글랜드 프리미어 리그였다. 꼭 프리미어 리그 팀을 응원하지 않더라도 축구를 좋아하는 아이들에게 한국 선수들이 많이 뛰고 있는 잉글랜드 리그는 매우 중요한 관심사였다.

마침 아이들이 어제 축구 경기에 대해 이야기하고 있는데, 3반 친구가 점심시간에 축구를 하자고 찾아왔다.

"동현아, 이따가 점심시간 끝나고 반 대항으로 축구 한 게임 하자!"

친구들은 경기 전 작전 회의에 들어갔다.

"우리 지난번에 3반한테 졌으니 이번엔 꼭 이겨 보자!"

오늘따라 친구들이 모두 결의에 가득 차 있었다.

"공격수 할 사람?"

축구를 하기 위해 모인 친구들이 모두 손을 들었다.

평소 축구를 잘해서 리더 역할을 하던 동현이가 당황하며 말했다.

"얘들아, 다 공격만 하면 중간에서 패스는 누가 해 줘? 수비는 또 누가 하고? 골키퍼 빼고 10명이 다 같이 공격하다가 다 같이 수비하러 뛰어 내려가면 너무 비효율적이잖아."

동현이의 말에 친구들은 3반과의 지난 경기를 떠올렸다. 다들 골을 넣고 싶은 마음에 공격수가 되어 제대로 된 역할 배분 없이 공만 보고 우르르 몰려다니다 3 대 0으로 졌기 때문이다.

"그러지 말고 이번엔 역할을 나눠 보자. 너희 포메이션이 뭔지 알지? 예를 들어 4-3-3 포메이션은 수비수 네 명, 미드필더 세

명, 공격수 세 명이라는 거잖아."

평소 축구나 축구 게임에 관심이 많은 학생들이기에 포메이션에 대해선 다들 잘 알고 있었다.

"그럼 우리도 처음엔 4-3-3 포메이션으로 시작해 보자. 공격수 세 명 누가 할래?"

반에서 키가 가장 큰 친구들 세 명이 손을 들었다.

"우리들한테 크로스 올려 주면 우리가 다 머리로 넣을게!"

"키 큰 애들 세 명이 서 있으면 누구든 한 번쯤은 얻어걸리겠지!"

"안 돼!! 헤딩 전략에만 올인했다가 막혀 버릴 수도 있잖아. 전략을 분산해야 해! 키 큰 애, 발 빠른 애, 슛 잘하는 애 나눠서 배치해서 다양한 전략을 활용해 보자!"

항상 여러 가능성을 생각하는 동현이가 리더십을 발휘하고 있었다.

"자, 다음! 이번엔 미드필더 누가 할래? 미드필더는 가운데서 부지런히 움직이면서 공격과 수비 모두에 참여해야 해. 그리고 수비수는 팀이 위기에 처했을 때 든든하게 막아 줄 수 있어야 하고."

이렇게 각자 역할을 정하고 포메이션을 짠 뒤 드디어 3반과의 경기가 시작되었다.

경기가 시작되고 5분 정도 지나자, 아이들은 이번 경기가 지난번 경기와 확실히 뭔가 다르다는 걸 느꼈다. 포메이션을 짜서 각자 역할을 나눠 축구를 하니 훨씬 안정적이고 체력도 더 아낄 수 있었던 것이다. 그렇게 체계적으로 움직인 결과 3반을 2 대 0으로 꺾고 승리를 거머쥘 수 있었다!

투자에도 최적의 포메이션이 있다고?

"와!!! 축하해!!!"

경기에서 이긴 학생들이 의기양양하게 교실로 들어오자 반 친구들이 환호했다.

"너희들 아까 정말 잘하던걸? 뭔가 체계적으로 움직이는 것 같았어. 지난번엔 3반한테 3 대 0으로 졌는데 이번에는 이길 수 있었던 비결이 뭐니?"

교실에서 흐뭇하게 경기를 지켜봤던 선생님이 질문했다.

"포메이션을 짜서 역할을 나눴어요!"

"포메이션?"

축구 전술에 대해 잘 모르는 친구들이 알쏭달쏭하다는 표정을 짓자 강호가 친절하게 설명해 줬다.

"축구 경기에서는 골키퍼 빼고 10명이 뛰잖아. 이 10명을 적절한 비율에 맞게 나눠 놓은 거야. 만약 4-4-2면 수비수 네 명, 미드필더 네 명, 공격수 두 명 이렇게 배치한 거지."

"그러면 그전엔 어떻게 했는데?"

"뒤는 없다! 돌격하라! 전원 공격! 😊"

강호의 말에 모두가 웃었다.

"오~, 마치 투자에서 포트폴리오를 짠 것과 같은 것이구나?"

모든 걸 경제 개념으로 바꿔서 상상하다니 역시 우리 반 선생님다웠다.

"포트폴리오요?"

처음 들어 보는 낯선 단어에 모두 고개를 갸우뚱했다.

"축구 포메이션에서는 공격수, 미드필더, 수비수에 적절한 선수를 조화롭게 배치시키는 것이 중요하지? 투자에서도 ==주식 같은 '위험 자산'과 금, 달러 같은 '안전 자산'을 적절히 조합해서 전략을 짜는 걸== ==포트폴리오== 라고 해. 축구를 할 때 포메이션을 짜서 경기를 하면 조금 더 안정적으로 경기 운영이 가능한 것처럼 투자를 할 때도 포트폴리오를 짜면 좀 더 안정적으로 운영할 수 있단다."

축구의 포메이션과 연관 지어 배우니 더 쉽게 이해되는 것 같았다.

"오! 선생님! 그럼 저희 2학기에 투자할 때도 포트폴리오를 만들어서 투자하나요?"

"물론이지! 1학기 때처럼 하나의 기업에만 투자할 때랑 어떤 차이점이 있는지 직접 경험하며 몸으로 느껴 보길 바랄게."

공격수, 수비수, 미드필더 역할을 하는 자산은?

축구에는 포메이션! 투자에는 포트폴리오! 쉽지요?

그럼 축구처럼 포트폴리오에서도 공격수, 수비수, 미드필더 같은 역할을 하는 자산들이 있을까요?

먼저 공격수 역할을 하는 자산은 '주식'입니다.

축구 경기에서 이기기 위해서는 '골'을 넣어야 하고 골을 제일 잘 넣는 사람은 보통 손흥민 선수 같은 공격수지요?

투자에서도 '수익'을 내는 것이 중요한데, 역사적으로 수익률이 가장 높은 자산이 주식이랍니다. 경제가 좋을 땐 기업들이 돈을 잘 벌어서 주식 가격이 상승할 가능성이 높으니까요.

그럼 수비수 역할을 하는 자산은 뭘까요?

바로 앞에서 배웠던 달러나 금 같은 것들이 있답니다. 이런 자산들은 경제가 안 좋거나 코로나 같은 큰 위기로 주식 시장이 폭락할 때 반대로 가격이 올라갈 확률이 높답니다. 위기가 오면 사람들은 안전한 것들을 찾거든요. 이때 이런 자산들이 수비수 역할을 하면서 전체 자산의 수익률을 방어해 준답니다.

그럼 마지막으로 미드필더 역할을 하는 자산은 뭘까요?

축구에서 미드필더는 수비수와 공격수 사이에 위치해요. 그래서 공격과 수비를 모두 도와주지요. 공격수한테 패스를 해 주면서 가끔씩 공격수를 대신해 골을 넣기도 하고, 상대 팀 공격을 하는 위기 상황에서는 수비수와 함께 방어를 합니다.

이렇게 공격과 수비의 역할을 모두 할 수 있는 자산이 바로 '배당주'랍니다. 경제가 좋을 때는 주식의 가격이 오를 수 있고, 경제가 안 좋을 때는 주가가 오르진 않지만 따박따박 '배당금'을 주거든요.

배당이 뭔지 까먹은 건 아니죠?

앞에서 살펴보았던 코카콜라처럼 기업이 돈을 벌었을 때 그 이익 중 일부를 주식을 갖고 있는 주주들한테 나눠 주는 것이었어요!

이렇게 위험 자산과 안전 자산을 적절히 조합해 전략을 짜는 걸 포트폴리오라고 합니다.

1장

기업이 아닌 '나라'에 투자해 볼까?

"그런데 2학기 투자는 언제 시작하는 걸까?"

강호의 말을 들은 동현이가 2학기가 되어 배운 내용들을 떠올렸다.

"안전 자산인 달러와 금도 배웠고, 한 번에 수백, 수천 개의 기업에 분산 투자할 수 있는 ETF도 배웠고, 안전 자산과 위험 자산을 적절히 조합하는 포메이션… 아니 포트폴리오도 배웠어."

"기업이 번 돈을 주식을 갖고 있는 주주들에게 나눠 주는 배당도 잊으면 안 돼!"

나은이가 옆에서 웃으며 거들었다.

다시 생각해 보니 2학기가 되어 안전한 투자를 하기 위해 배운 것들이 참 많았는데 아직 본격적인 투자를 하지 않고 있었다.

"글쎄, 뭔가 2학기 땐 1학기 때보다 좀 더 안전한 투자를 해 볼 거라고 하셨는데… 쌤이 또 뭔가 큰 그림을 그리고 있는 건 아닐까?"

강호와 동현이가 이야기를 나누고 있을 때, 어김없이 선생님이 등장했다.

"우리 친구들, '투자'에 대해 배운 게 많으니 어서 실전에 적용하고 싶구나?"

아이들의 눈이 모두 반짝이고 있었다.

"그래, 알겠어! 오늘부터 2학기 모의 투자를 시작해 보도록 하자! 모두 사회 교과서를 펴 볼까?"

"선생님, 갑자기 웬 사회 교과서예요? 어떤 '기업'에 투자할지 조사해야죠!"

사회 교과서를 펴 보라는 말에 친구들의 눈이 모두 휘둥그레졌다.

"기업 하나를 정해서 투자하는 개별주 투자는 1학기 때 경험해 보았잖니! 2학기 때는 너희들이 원하는 '나라'의 주식 시장에 투자해 볼 거란다!"

선생님의 말에 나은이가 이해가 안 된다는 듯 머리를 긁적이며 혼잣말을 했다.

"삼성전자나 애플 같은 기업들의 주식은 그냥 투자하면 되는데 한 나라의 주식 시장에 투자한다는 게 대체 무슨 말이지?"

"잠깐! 우리 지난번에 과자 쪼개기 실험하면서 여러 기업의 주식 조각을 한 바구니에 담아 놓은 ETF에 대해 배웠잖아!"

강호의 외침에 모두가 지난번 과자 쪼개기 실험을 떠올렸다.

"아하! ETF로 그 나라를 대표하는 여러 기업들에 분산 투자할 수 있겠네!"

나은이도 이제야 깨달았다는 듯 소리쳤다.

"그럼 사회 교과서에 있는 세계 지도를 보며 어떤 나라에 투자하고 싶은지 자유롭게 조사해 보렴! 그 나라를 대표하는 기업들

을 같이 찾아봐도 좋겠지?"

친구들은 그제야 선생님이 사회 교과서를 꺼내라고 한 이유를 알았다. 마침 2학기 사회 시간에 세계 여러 나라와 대륙에 대해 공부하고 있었다. 아이들은 여행할 나라를 찾듯 여러 나라에 대해 알아보기 시작했다.

"오호~, 내가 맨날 보는 유튜브가 미국의 구글이라는 기업이 갖고 있는 거였구나!"

"와! 내가 알고 있는 유명한 명품 브랜드가 알고 보니 프랑스 기업이었어!"

다들 각 나라를 대표하는 기업들을 조사하며 어떤 나라에 투자할지 살피던 와중에 현지가 손을 들고 질문했다.

"선생님! 뭔가 1학기 때는 투자할 기업의 시가 총액도 알아보고, 돈을 잘 벌고 있는지 매출액이나 영업이익도 알아봤잖아요. 투자할 나라에 대해 혹시 더 알아봐야 할 건 없나요?"

역시나 날카로운 현지였다. 1학기 때의 투자 경험으로 처음 투자했던 돈인 '원금'을 잃을 수 있다는 걸 몸으로 느낀 친구들이었다. 하나라도 더 꼼꼼하게 체크해서 나쁠 것이 없었다.

"음…."

선생님도 고민에 빠졌다.

한 나라의 경제 크기를 숫자로 나타낼 수 있다고?

"그럼 '국내총생산'이라는 개념을 알아볼까?"

뭔가 어려운 용어의 등장에 강호와 친구들의 표정이 급격히 어두워졌다.

"국내총생산은 그 나라의 경제 규모, 경제 크기를 나타내는 개념이야. 말 그대로 1년 동안 그 나라에서 생산된 모든 물건이나 서비스의 가치를 더한 것이지! 영어로 줄여서 GDP(Gross Domestic Product)라고 한단다."

"어? 뭔가 1학기 때 배웠던 시가 총액이 떠오르는데요? 시가 총액도 그 기업의 가치와 규모를 나타낸다고 했잖아요!"

"오호~, 그런 식으로 생각해 볼 수도 있겠구나! 강호한테 선생님도 배우는걸?"

선생님이 강호의 머리를 쓰다듬었다. 그러자 시키지도 않았는데 아이들이 각자 태블릿을 꺼내 각 나라의 GDP를 조사하기 시작했다.

"오! 미국의 GDP는 3경 480조 원이야. 어마어마하다!! 전 세계 1등인데?"*

"2등은 중국이야. 2경 4천조 원 정도 된대!"

"우리나라는 2천 500조로 전 세계 10등이네! 우와!! 우리나라도 대단하다!"

---

* 2023년 기준. 환율 1,400원 적용

전 세계 GDP 순위

1	미국	7	프랑스
2	중국	8	이탈리아
3	일본	9	브라질
4	독일	10	대한민국
5	인도	11	캐나다
6	영국	12	호주

2023년 국가 경제 포털 기준

아이들은 우리나라가 세계 10위의 경제대국이라는 사실이 무척 자랑스러웠다. 우리나라는 35년간의 일본 식민 지배, 한국전쟁 등 큰 시련을 겪어 온 역사가 있었기 때문이다. 하지만 이를 극복하고 크게 발전했다. 1학기 사회 시간에 배운 '한강의 기적'이었다.

오른쪽 위로 올라가는 나라를 찾아라!

"그럼 이제 우리가 투자할 나라의 최근 주가 추세를 살펴볼까? **추세**란 주식 시장에서 일정 기간 동안 주가가 움직이는 방향성을 나타내는 말이란다! 주식 시장이 좋으면 상승 추세, 안 좋으면 하락 추세, 큰 변화가 없으면 횡보라고 하지! 최근 3개월, 1년, 10년 등 전체적인 주식 시장의 흐름이 어떠했는지 살펴보면 좋을 것 같구나!"

친구들이 여러 나라의 주가 그래프를 검색하기 시작했다. 옆 나라 중국에 관심이 많은 강호는 중국의 주가 그래프를 검색했다.

"중국 주식 시장은 최근에 성적이 그렇게 좋지는 않았네?"

전 세계 경제 규모에서 2등을 하는 나라이니 최근 주가도 엄청 상승했을 줄 알았는데 그렇지 않은 게 의문스러운 강호였다.

'경제 규모가 크다고 주식 시장의 성적이 무조건 다 좋지는 않구나?'

내심 중국을 투자할 나라로 고민하고 있던 강호는 아쉬웠다. 반면 뭐든 1등에 관심이 많은 나은이는 바로 미국 주식 시장을 검색해 보았다. 1학기 때도 전 세계 시가 총액 1등인 애플에 투자해 성공을 맛봤던 나은이였다.

"오!! 미국은 최근 10년 동안 주식 시장이 엄청 많이 상승했는데요?"

미국 주식 시장의 그래프는 오른쪽 위로 지속적으로 오르고 있었다.

"최근 미국 주식 시장의 분위기가 좋았지? 이렇게 어떤 그래프가 오른쪽 위로 향할 때 '우상향'이라는 말을 쓴단다. 또는 상승 추세라는 표현을 쓰기도 하지! 보통 주식 시장에서 우상향이라는 표현은 좋은 뜻으로 쓰여. 시간이 지남에 따라 주식의 가격이 위로 올랐다는 뜻이니까."

선생님이 우상향에 대해 설명하자 나은이가 소리쳤다.

"그럼 미국에만 투자하면 되겠네! 경제의 크기를 나타내는 국내총생산도 세계에서 가장 크고, 최근 10년 동안 주식 시장이 우상향해 왔잖아!"

나은이의 말에는 자신감이 넘쳤다.

1등이 늘 좋은 것만은 아니야!

나은이의 말에 선생님의 고민이 깊어졌다.

"음… 그럴 수 있지. 그럼 이 그래프를 한번 볼까?"

선생님이 주식 그래프 하나를 화면에 띄웠다.

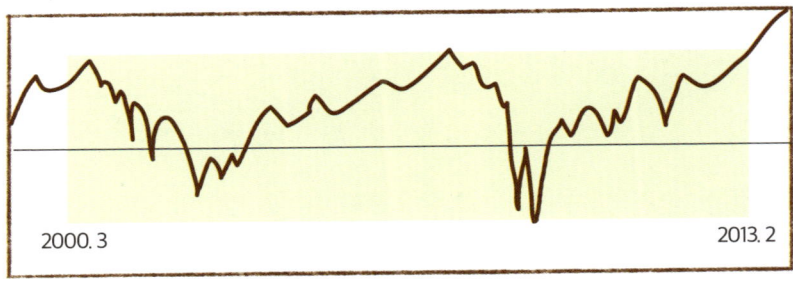

잘 오르던 주가가 어느 지점에선가 더 이상 오르지 못하고 내려갔다 다시 올라갔다를 반복하고 있었다.

"이건 어떤 나라의 주가 그래프일까?"

"음… 한국? 일본? 인도? 프랑스?"

친구들이 여러 나라를 이야기했지만 아무도 정답을 맞히지 못했다.

"바로 미국의 주식 시장 그래프란다!"

"네?!"

"선생님!!! 저거 진짜예요? 조작한 거 아니죠?"

아이들이 놀라 소리쳤다.

"2000년부터 2013년까지의 실제 미국 주식 시장 그래프란다. 저렇게 거의 10년 동안 주가가 오르지 않았던 적도 있었지."

"10년 동안 그대로라니…. 너무 지루했을 것 같은데요?"

"그럼 10년 동안 은행에 저축해서 이자를 받는 것보다 수익률이 별로였을 수도 있었겠다!"

"이렇게 미국의 주가가 그대로일 때, 반대로 중국, 인도, 한국과 같은 '신흥국'의 주식 시장은 성적이 매우 좋았었지!"

친구들은 전 세계 1위 경제대국인 미국의 주식 시장은 그대로였는데 다른 나라들의 주식 시장은 크게 올랐다는 사실이 무척 뜻밖이었다.

"잠깐만요! 근데 방금 중국, 인도, 한국 같은 나라들을 신흥국이라고 하셨는데 그게 뭐죠?"

2학기 들어 부쩍 핵심을 짚어 내곤 하는 강호였다.

"**신흥국**은 경제, 산업 등이 두드러진 발전을 보이고 있는 나라를 뜻한단다. 대표적으로 중국, 인도, 브라질 같은 나라들이 신흥국으로 분류되지! 반대로 **선진국**은 정치, 경제, 문화 등의 발

달이 앞선 나라를 뜻하는 말이야. 보통 미국, 유럽, 일본 같은 나라들이 주식 시장에서 선진국으로 인정받고 있어!"

"선생님, 그럼 우리나라는요? 우리나라 주식 시장은 선진국에 속하나요, 신흥국에 속하나요?"

친구들이 뭔가 기대하는 눈빛으로 선생님을 바라보았다.

"우리나라는 경제 규모도 크고 정치와 문화도 잘 발전되어 있지만 주식 시장에서는 보통 신흥국으로 분류된단다."

여러 뉴스에서 우리나라가 선진국이라는 말을 들었는데 주식 시장은 신흥국으로 분류된다는 게 조금은 의아한 강호였다.

"선생님! 2학기 투자도 뭔가 쉬울 것 같지는 않은데요?"

투자할 나라를 대표하는 기업들로는 뭐가 있는지 그 나라의 경제 규모는 얼마나 되는지, 최근 주가 흐름은 어땠는지 보았어도 투자할 나라를 결정하기란 참 어려운 일이었다.

"1학기 때도 깨달았는데 2학기에 한 번 더 느꼈구나? 너무나 다행인걸? 😄"

"에이~, 선생님! 저희 좀 그만 놀리세요!!"

"자, 오늘 수업은 여기까지 하고 내일까지 부모님과 상의해서 투자 포트폴리오를 짜 오도록 하자!"

수백 개 주식의 주가를 어떻게 한 번에 나타내요?

인생게임 황금카드 1

이번 시간에는 강호와 친구들이 어떤 나라에 투자할지 함께 고민해 보았어요. 특히 미국, 중국 등 여러 나라의 최근 주식 시장 성적표를 비교해 보는 시간을 가졌습니다.

그런데 여러분!
주식 시장에는 수백 개의 기업이 있고, 이 기업들의 주가가 매일매일 변하는데 이걸 하나하나 확인하는 건 너무 힘들지 않을까요?

그래서 어른들은 **주가지수**(stock market index)라는 걸 만들어 냈답니다. 주가지수란 주식 시장에 있는 여러 회사들의 주식 가격이 전체적으로 얼마나 올랐는지 혹은 내렸는지 보여 주는 숫자예요. 주가지수가 올라가면 주식 시장에 있는 많은 회사의 주식 가격이 전체적으로 올라간 거라고 생각하면 된답니다.

참고로 우리나라를 대표하는 주가지수로는 코스피(KOSPI) 지수가 있는데요. 1980년 1월 4일에 '100'을 기준으로 시작했답니다. 선생님이 지금 글을 쓰고 있는 시점의 코스피 지수는 3,000 정도네요!

이게 무슨 말이냐 하면, 1980년에 비해 우리나라 주식 시장의 규모와 가치가 약 30배 정도 성장했다는 이야기랍니다.

미국을 대표하는 주가지수에는 나스닥(NASDAQ) 지수가 있어요. 나스닥 지수는 1971년 2월 5일에 '100'을 기준으로 시작하였는데, 지금 2만 1,000 정도니까 지금까지 주식 시장이 약 210배 정도 성장했다고 할 수 있겠네요!

지수가 사용되는 또 다른 예로 '물가지수'가 있답니다. 라면, 쌀, 과자 같은 것들의 가격을 하나하나 확인하기 힘드니 똑같이 '지수'로 표현하는 것이지요. '물가지수'가 오르면 전체적으로 물가가 올랐다는 이야기랍니다.

이제 '지수'라는 단어를 보았을 때 잘 이해할 수 있겠지요?

최근 흐름만 보고 투자 결정을 내려선 안 돼요!

우리가 중요한 결정을 할 때 우리를 방해하는 것을 '편향'이라고 한다고 했지요? 우리의 성장을 방해하는 '편식'처럼요!

그럼 잠깐 앞에서 나은이가 했던 말을 살펴볼까요?

"그럼 미국에만 투자하면 되겠네! '국내총생산'도 세계에서 가장 크고, 최근 10년 동안 주식 시장이 우상향해 왔잖아!"

최근 10년 동안 미국 주식 시장의 성적이 좋았으니 "미국에만 투자하면 되겠다!"라고 이야기하고 있어요. 이렇게 나은이처럼 '최근'의 정보만 중요하게 여기는 편향을 최신 편향 이라고 합니다.

사람들이 최근에 일어난 일이나 최신 정보를 과거 정보보다 더 중요하게 여기고 그것이 앞으로도 계속될 거라고 믿는 심리적 경향이죠.

이렇게 최신 편향에 빠지면 전체적인 흐름이나 과거의 데이터는 무시하고 최근에 일어난 일에만 집중하게 되어 잘못된 선택을 할 수 있답니다.

여러분들도 이런 최신 편향에 빠지지 않도록 항상 역사에 관심을 갖고 다양한 관점에서 생각할 수 있도록 노력해야겠지요?

다음날이 되었다. 강호와 친구들은 2학기 투자 인생을 결정지을 중요한 선택을 하고 학교에 도착했다. 바로 자신만의 '포트폴리오'를 짜 온 것이다.

1학기 땐 시가 총액, 매출액, 영업이익 등을 배우고 하나의 기업에 투자했다면, 2학기 땐 위험도를 낮추기 위해 ETF에 대해 배우고 수백 개 주식에 분산 투자할 준비를 하고 있었다. 주식 시장이라는 전쟁터에서 이길 각자의 '전략'을 준비해 온 것이다.

'2학기에는 투자를 잘해서 명예도 얻고, 짜장면도 먹어야지!'

여러 친구들이 1학기 때 놓쳤던 '짜장면 데이트'의 기회를 잡기 위해 머릿속으로 각오를 다지고 있었다.

"다들 포트폴리오는 잘 생각해 왔니? 그럼 2학기 투자를 시작하기 전에 간단한 테스트를 해 볼까?"

테스트? 선생님이 갑자기 또 무슨 테스트를 하겠다는 건지 아이들은 궁금해졌다.

투자에도 MBTI가 있다?

"너희들 MBTI 테스트 알고 있지?"

"당연하죠! 저는 ENFP예요."

"나는 INTP!"

아이들이 앞다퉈 서로 자기의 MBTI를 말했다.

"워워~, 진정하고! 그런데 너희들, 그렇게 MBTI에 관심을 갖는 이유가 뭐니?"

"제 성향을 알면 저한테 맞는 선택을 잘할 수 있잖아요."

"저랑 안 맞는 사람이나 상황을 피할 수 있어요!"

뭐 그런 걸 물어보냐는 듯 아이들의 대답이 술술 나왔다.

"오호, 그렇구나? 투자를 할 때도 자기 자신을 잘 아는 게 중요하단다. 여러분 스스로를 잘 알아야 올바른 선택을 할 확률이 높아지고, 피하고 싶은 상황을 만들지 않겠지?"

그러면서 선생님은 테스트 종이 한 장을 나눠 주셨다.

"MBTI 테스트 하는 건가요? 제 MBTI는 이미 알고 있는데요?!"

나은이가 촐랑대며 말했다.

"이건 투자 성향 테스트란다. 이 테스트를 통해 너희들의 투자 성향을 알 수 있지."

"투자 성향?"

처음 들어 보는 단어에 아이들이 의아한 표정을 지었다.

"너희들 지난 시간에 배웠던 '포메이션'과 '포트폴리오' 기억 나지?"

"네네!! 축구처럼 투자에도 공격수, 미드필더, 수비수 역할을 하는 자산이 나뉘어 있다고 하셨잖아요!"

"만약 투자 성향이 '공격적'으로 나온다면 포트폴리오에서 공격수, 즉 주식의 비중을 좀 더 높이면 될 거야! 하지만 투자 성향이 '안정적'으로 나온다면 수비수, 즉 달러나 금 같은 자산의 비중을 높이면 좋겠지? 자, 그럼 투자 성향 테스트를 시작해 볼까?"

선생님이 나눠 준 종이엔 투자를 할 때 수익을 먼저 생각하는지 손해를 먼저 생각하는지, 손해를 경험했을 때의 기분은 어땠는지 등을 묻는 여러 질문들이 담겨 있었다.

"아… 1학기에 투자할 때 나는 마이너스 10퍼센트만 떠도 너무 무섭더라. 😢 안전하게 투자해야겠어."

"나는 저축 통장에 돈을 많이 모아 놓았으니까 조금 더 공격적으로 투자해도 되지 않을까?"

아이들은 1학기 때 투자했던 경험을 살려 스스로가 어떤 성향인지 곰곰이 생각했다. 강호는 MBTI처럼 투자를 할 때에도 친구들마다 성향이 다르다는 사실이 재미있었다.

"자~, 각자 점수를 계산해서 자신이 어떤 투자 성향을 갖고 있는지 확인해 보렴."

투자 성향 테스트가 끝나자 친구들은 모두 자기 자신에 대해 좀 더 잘 알 수 있게 되었다.

투자 성향과 전략이 담긴 포트폴리오를 만들자!

"투자 성향까지 알아보았으니까 이제 마지막으로 준비해 온 포트폴리오를 검토하면서 자기만의 포트폴리오를 발표해 보자!"

강호와 친구들이 각자 준비한 포트폴리오를 자랑스럽게 발표하기 시작했다. 제일 먼저 나은이가 말했다.

"제가 만든 포트폴리오의 이름은 '한미연합'이에요."

"한미연합?"

"우리나라를 대표하는 200개 기업과 미국을 대표하는 500개 기업에 반반씩 투자할 거예요!"

나은이가 자랑스럽게 이야기했다. 원래 미국에만 투자하려고 하던 나은이가 선생님의 설명을 듣고 포트폴리오에 한국 주식을 추가한 것이다.

"어? 그런데 나은이 포트폴리오엔 안전 자산이 없는데요?"

강호가 머리를 긁적이며 질문했다.

"강호야! 나는 1학기 투자 대회에서 1등을 한 몸이야. 저렇게 700개 기업에 분산 투자해 놓았으면 됐지 뭘 또 안전 자산이니?"

나은이가 잘난 체하며 웃었다. 멀리서 선생님이 그런 나은이를 보며 미소 지었다.

뒤이어 강호의 차례가 되었다.

"제 포트폴리오의 이름은 '아무나 이겨라'입니다!"

강호의 발표에 아이들이 키득키득 웃기 시작했다.

"최근 미국이랑 중국이 사이가 안 좋다는 이야기를 들었어요. 그 나라의 경제 규모를 나타내는 국내총생산도 원래는 미국이 압도적으로 1등이었는데 중국이 많이 따라잡아서 2등이 되었대요. 미국이 중국을 견제하고 있다는 뉴스도 봤고요. 그래서 전 세계 경제 규모 1등과 2등인 나라에 나눠 투자해 보려고요!"

"오오, 그럴듯하다!"

강호의 논리적인 설명에 친구들이 웅성거렸다.

"미국에 50퍼센트, 중국에 40퍼센트, 나머지 10퍼센트는 혹시 모르는 위기 상황에 대비해 달러에 투자해 놓을 거예요!"

이제 동현이의 차례였다. 책을 많이 읽어 항상 차분하고 아는 것이 많은 동현이의 전략은 과연 무엇일지 모두가 기대에 찬 눈빛이었다.

"제 포트폴리오의 이름은 '큰 욕심 부리지 말자'입니다."

"투자를 하는데 '큰 욕심 부리지 말자?'라고?"

선생님과 아이들이 모두 의외라는 듯이 소리쳤다.

"주식을 싸게 사서 비싸게 팔았을 때의 이익을 시세 차익이라고 하셨잖아요. 그런데 투자를 해 보니 시세 차익을 얻는 게 쉽지 않더라고요! 그런데 저번에 배당에 대해 공부했잖아요? 주식을 갖고 있는데 은행 이자처럼 따박따박 배당이 나오는 게 저는 좋은 것 같아서 배당을 많이 주는 주식들에 투자하려고 해요."

아이들은 완전히 다른 관점에서 생각하는 동현이가 멋있어 보였다.

"증권회사에서 일하시는 삼촌께 여쭤 보니 보통 배당을 주는 기업들은 조금 더 안정적이라고 하더라고요! 그래서 배당을 많이

주는 주식들을 모아 놓은 ETF에 80퍼센트를 투자하고 나머지는 금에 투자할 생각이에요. 최근 금값이 많이 올랐는데 금값은 한 번 오르면 계속 오르는 특성이 있대요."

모두가 시세 차익을 생각할 때 동현이는 배당에 집중한 전략을 들고 나왔다.

다른 친구들의 차례가 지나가고 현지의 차례가 왔다. 현지는 자리에서 일어서더니 큰 세계 지도를 칠판에 붙였다. 친구들은 '뭐지?'라는 표정으로 현지를 뚫어지게 쳐다봤다.

"제 전략은 '모든 주식을 소유하라'입니다."

"모든 주식을 소유하라?"

"선생님이랑 배운 ETF를 활용하면 한 번에 여러 회사에 분산 투자할 수 있잖아요. 저는 이 지도 속 대부분의 나라에 있는 기업에 투자하려고요. 약 1만 개의 기업에 분산 투자할 거예요! 물론, 금이랑 달러 같은 안전 자산에도 조금 투자해 놓고요!"

1학기 때 현지는 K-팝이 유행하니 자신 있게 SM엔터테인먼트에 투자를 했다. 하지만 SM 소속 아이돌이 새로운 소속사로 이적하면서 투자 결과가 그리 좋지 않았다. 똑똑하고 분석적인 현지였지만 실제 투자를 경험하며 겸손해진 것을 알 수 있었다.

그렇게 여러 친구들의 투자 성향과 전략이 담긴 포트폴리오가 완성되었다.

"내 포트폴리오가 더 좋거든?"

"아니거든! 두고 봐!"

서로 자기의 포트폴리오가 더 좋다고 싸우는 친구들에게 선생님이 말했다.

"얘들아! 포트폴리오를 짜는 데 수학 문제처럼 딱 정해진 정답이 있는 건 아니란다. 축구의 포메이션이나 전술도 정답이 없고 시간의 흐름에 따라 변하는 것처럼 말이야. 다만 너희들이 수백, 수천 개의 기업에 분산 투자하고, 금이나 달러 같은 안전 자산을 조금이라도 포트폴리오에 포함시켰다면 한두 개의 기업에만 투자할 때보다는 더 안전한 투자를 할 수 있을 거야!"

"선생님 말씀대로 진짜 그렇게 될지 궁금해요!"

"앗! 잠깐! 그런데 수백 개의 기업에 분산 투자하고, 포트폴리오에 안전 자산을 넣어 놓았다고 해서 절대로 손해 볼 일이 없다는 뜻은 아니란다. 😄 투자의 세계에서는 어떤 일이든 일어날 수 있으니까! 그럼 2학기 투자 인생도 응원할게, 얘들아!"

달러나 금은 '완벽하게 안전한' 자산일까요?

강호와 친구들이 각자의 개성이 들어간 포트폴리오를 짜 왔군요.

그리고 나은이를 제외한 친구들이 포트폴리오에 조금씩이라도 금이나 달러 같은 안전 자산을 넣어 놓았네요. 😄

아마도 1학기 때의 경험 때문이겠죠?

그런데 여러분!

선생님이 금이나 달러를 안전 자산이라고 말하니까 이렇게 생각하는 친구들도 있을 것 같아요.

"금이나 달러는 안전 자산이니까 여기에 투자하면 손해 볼 일이 없겠네요!"

하지만 그렇지 않답니다. 이 세상에 '완벽하게 안전한' 자산은 없어요. 실제로 1달러의 가격이 1,400원일 때 달러를 샀는데 나중에 1,300원으로 떨어지면 안전 자산인 달러에 투자했어도 당연히 손해를 볼 수 있답니다. 금도 마찬가지고요!

그럼 왜 괜히 '안전' 자산이라고 불러서 사람을 헷갈리게 만드는 걸까요?

안전 자산이라는 말은, 여기에 투자했을 때 절대로 손해가 날 확률이 없다는 뜻이 아닙니다. 위험 자산인 주식에 비해 가격이 비교적 덜 변하고, 경제가 안 좋아서 주식이 하락할 때 반대로 가격이 올라 줄 '가능성'이 있어서 안전 자산이라고 부르는 것이지요.

  그래서 경제가 좋아져서 주식 가격이 오르면 반대로 달러나 금의 가격이 조금 떨어지기도 한답니다.

  이 세상에 완벽하게 안전한 자산은 없고 모든 투자에는 크고 작은 위험이 따른다는 점을 꼭 기억해야 합니다. 많은 전문가들이 우리가 앞에서 배운 분산 투자를 추천하는 이유가 바로 이 때문이에요.

  자! 강호와 친구들의 나이가 어느덧 40대를 바라보고 있습니다. 또 어떤 이벤트가 기다리고 있을지 무척 기대가 되는군요. 😄
얼른 가볼까요?

 어느덧 무더운 여름이 지나가고 아침저녁으로 선선한 바람이 부는 9월이 다가왔다. 학교 수업이 끝나고 한바탕 축구를 한 강호와 동현이가 함께 수다를 떨며 집에 가고 있었다.

 "역시 축구하고 나서 먹는 아이스크림이 제일 맛있다니까?"

 그렇게 길거리를 지나가던 중 두 사람은 우연히 집 앞에 있는 부동산을 보게 되었다. 부동산 유리창에는 강호와 동현이가 살고 있는 아파트의 이름과 가격이 적혀 있었다.

 "어떻게 같은 아파트인데 저 정도로 가격이 다를 수 있지?"

 "그러게? 150만 원짜리 아파트는 혹시 집에서 귀신 나오는 거 아니야?!"

 "에이 설마~! 😄"

 강호와 동현이는 같은 아파트고 크기도 똑같은데 가격이 다르다는 사실이 잘 이해가 되지 않았다.

 "강호야! 우리 이거 사진 찍어서 내일 선생님께 여쭤 보자!"

다음날 강호와 동현이는 선생님께 사진을 내밀며 물었다.

"선생님! 저희 집 앞 부동산에 이렇게 적혀 있었어요."

"아~, 부동산에 다녀왔구나? 그런데?"

선생님은 '왜 이걸 보여 주는 거니?'라는 표정으로 두 사람을 쳐다보았다.

"부동산은 집을 사고팔 때 이용하는 곳이라고 들었거든요! 그럼 여기 적혀 있는 게 '가격' 맞죠? 그런데 왜 이렇게 가격이 다른 거예요?"

두 친구는 이건 정말 말이 안 된다는 듯 선생님을 바라보았다.

"아~, 그게 궁금했구나? 사고팔 때뿐만 아니라 집을 잠시 '빌리는' 계약을 할 때도 부동산이 있어야 한단다."

"집을 빌려요?"

강호와 동현이가 서로 놀라 쳐다보자 옆에서 설명을 듣던 나은이와 친구들이 거들었다.

"얘들아! 우리가 보드게임을 사서 하기도 하지만 보드게임 카페에 가서 돈을 내고 잠시 빌려서 놀기도 하잖아! 그거랑 비슷한 거 아닐까?"

"오~, 생각해 보니 만화방에서도 만화책을 빌려서 보잖아?"

곰곰이 생각해 보니 생활 속에서 뭔가가 필요할 때 아예 구입하는 방법도 있지만 잠시 빌리고 다시 돌려주는 경우도 있었다.

"아하~, 저기 써 있는 가격이 빌리는 가격이었구나!"

두 사람은 서로를 바라보며 이제야 알겠다는 듯 웃었다.

"우리 친구들 집도 빌릴 수 있다는 생각을 못 했구나? 그럼 이번 시간에 집을 빌리는 방법에 대해서 알아볼까?"

"우와~, 좋아요!"

전세 = 큰돈을 맡기고 집을 빌리는 것

"먼저 너희들이 처음 생각했던 것처럼 집을 '구매'해서 완전히 '내 것'으로 만드는 것을 매매(팔 '매', 살 '매')라고 표현한단다. 아까 강호와 동현이가 찍어 온 사진을 다시 볼까?"

"아~! 그럼 '매매 5억'은 집주인이 이 집을 5억에 팔려고 시장에 내놓았다는 얘기네요!"

하나하나 배울 때마다 세상이 조금씩 다르게 보이는 친구들이었다.

"빙고! 그런데 만약 강호가 지금 집을 굳이 살 필요가 없다면 다른 사람의 집을 잠시 빌려서 살 수 있겠지?"

"아하! 그럼 나머지 '전세'랑 '월세'는 집을 빌리는 방법이겠군요!"

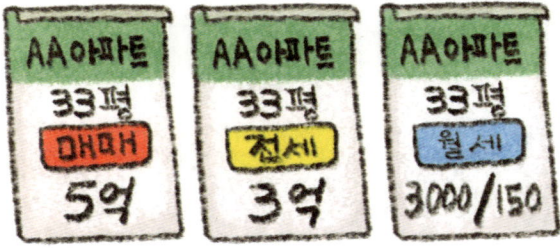

"또 빙고! 그럼 전세가 뭔지부터 알아볼까? 아까 사진을 다시 보렴."

아이들은 모두 '전세 3억'이라고 쓰인 부분을 바라보았다.

"이 말은 강호가 저 집을 가진 집주인에게 3억을 주면 2년 동

안 저 집에서 살 수 있다는 뜻이란다."

"그럼 2년 후에 3억은 어떻게 돼요?"

의심 많은 현지가 날카로운 눈빛으로 질문했다.

"계약 기간인 2년이 지나면 다시 돌려받게 되지!"

"아하! 저희가 집주인한테 3억을 빌려주고, 집주인은 저희에게 2년 동안 저 집을 빌려주는 것이군요!"

강호와 친구들이 이제야 이해했다는 듯 책상을 탁! 쳤다.

"이렇게 집주인에게 큰돈을 맡기고 계약 기간 동안 그 집에서 사는 방식을 전세 (전할 '전', 빌릴 '세')라고 부른단다. 집주인한테 맡긴 돈은 전세 보증금 이라고 하고."

그때 선생님의 설명을 듣고 있던 동현이가 질문했다.

"선생님! 그런데 저렇게 큰돈을 갖고 있지 않으면 집을 빌릴 수 없는 건가요?"

"막 사회생활을 시작하는 사회초년생 때는 모아 놓은 돈이 얼마 없을 수도 있잖아요!"

'그러네…. 은행에서 빌려야 하나?'

'이제 막 돈을 벌기 시작한 청년층이나 대학생이 마련하기엔 너무 큰돈인데.'

항상 여러 각도에서 생각하는 동현이 덕분에 친구들도 덩달아 생각이 깊어졌다.

"동현이의 말도 일리가 있지! 방금 이야기한 전세는 집을 빌리는 여러 방법 중 하나란다. 그럼 또 다른 방법도 배워 볼까?"

월세 = 매달 돈을 내고 집을 빌리는 것

선생님이 사진의 맨 오른쪽 부분을 키워 보여 주었다.

"3000/150? 음… 3000 나누기 150을 하라는 말인가?"

"월세는 또 무슨 말이지?"

강호와 친구들이 머리를 긁적이며 고민했다.

"얘들아, 1'월', 2'월', 3'월'… 이렇게 매달 집주인한테 일정한 돈을 내는 것을 월세(달 '월', 빌릴 '세')라고 해."

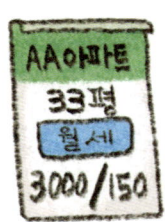

"아하~, 월세가 그런 뜻이었구나!"

"선생님, 근데 '월세 3000/150'이라고 적혀 있는데 아직도 무슨 뜻인지 모르겠어요."

"설마 매달 3천만 원을 내라는 건 아니겠죠?!"

"자자~, 차근차근 설명해 줄게. 먼저 '3000/150'은 '3천에

150'이라고 읽는 거란다. 그리고 매달 150만 원을 내라는 뜻이지!"

"아하~, 아까 전세처럼 한 번에 3억 정도의 큰돈을 맡길 상황이 아니면 매달 150만 원 정도를 집주인에게 내면 되는 거군요?"

"빙고!"

"그럼 앞에 있는 3천은 뭔가요?"

"매달 150만 원씩을 집주인한테 주되, 처음 계약할 때 3천만 원을 계약 기간 동안 맡겨 놓겠다는 뜻이지!"

"잉? 매달 150만 원씩 줬으면 됐지, 왜 3천만 원을 또 맡겨 놓는 거예요?"

강호가 이해되지 않는다는 듯 물었다.

"만약 월세 계약을 한 사람이 집주인한테 한 달에 150만 원씩 주기로 했는데 다음 달이 되어서 그 돈을 주지 않는다면 어떻게 될까?"

선생님의 질문에 모두가 얼음이 되어 버렸다.

"에이, 설마…. 약속한 돈인데 집주인분께 드려야죠! 약속을 해 놓고 돈을 안 주는 나쁜 사람들이 있나요?"

강호와 친구들이 놀란 눈을 하고 선생님을 쳐다보았다.

"꼭 나쁜 사람들이라서 그런 건 아니야. 갑작스레 일자리를 잃거나 경제 상황이 안 좋아지면 못 줄 수도 있지 않을까? 그래서 혹시 모를 상황에 대비해 3천만 원 정도를 미리 받아 놓는 거야. 계약을 한 사람이 만약 월세를 내지 못하면? 이 3천만 원에서 150만 원을 빼 가는 것이지! 이걸 월세 보증금 이라고 해. 그리고 이 돈은 전세 보증금처럼 계약 기간이 끝나면 모두 돌려준단다."

선생님의 설명에 강호와 친구들이 모두 고개를 끄덕였다. 세상을 살다 보면 많은 일들이 일어날 수 있고, 어른들의 세계에는 이런 여러 상황을 대비한 장치들이 마련되어 있는 것 같았다.

"부동산을 지나가다 월세랑 전세 같은 단어가 보일 때면 무슨 뜻인지 몰라 궁금했는데 이젠 바로 알아볼 수 있겠네요!"

"자, 그럼 오늘 수업은 여기까지 하고 내일은 내 집 마련, 아니, 내 방 마련을 해 보기로 하자!"

"엥? 내 방 마련이요?"

아이들의 물음에도 선생님은 알 수 없는 말을 남긴 채 수업을 끝냈다.

월세와 전세, 뭐가 더 좋은 건가요?

강호와 친구들이 드디어 집을 생각해야 할 때가 왔군요.

월세는 '한 달에 한 번씩' 집주인에게 정해진 돈을 내는 것.
전세는 '큰돈'을 집주인에게 맡겨 놓고 계약 기간이 끝나면 다시 돌려받는 것이라고 했어요. 그리고 그 큰돈을 '전세 보증금'이라고 부른다고 했지요.

그런데 여러분!
월세와 전세 중 어떤 게 더 좋아 보이나요?

선생님이 교실에서 수업을 해 보면 대부분의 친구들이 전세가 더 좋다고 생각한답니다.
월세는 매달 집주인에게 꼬박꼬박 돈을 내야 하니 뭔가 아까운 느낌이 드는데, 전세는 내가 맡겨 놓은 돈을 2년 후면 그대로 돌려받잖아요. 그래서 뭔가 '공짜'로 사는 느낌이 든대요. 여러분도 그렇게 생각하나요?

하지만 과연 전세를 공짜로 생각하는 게 맞을지 한번 잘 따져 봐야 합니다.

만약 강호에게 1억이 있다고 해 봅시다. 이 1억을 전세 보증금으로 낼 수도 있지만 은행에 저축한다면?

빙고! 은행에 저축하면 그 대가로 이자를 받는다고 했어요!

예금 금리가 만약 4퍼센트라면 은행에 맡겼을 때 1년 이자로 400만 원 정도를 받을 수 있는 거죠! 2년 동안 전세로 산다면 약 800만 원 정도의 은행 이자를 '포기'해야 하는 것이랍니다.

은행 이자말고도 1억 원의 돈을 어딘가에 '투자'했을 때 더 큰돈을 벌 수 있는 이익을 포기해야 하는 것일 수도 있고요.

"우리가 어떤 선택을 하는 대신 포기해야 하는 것들의 총합."
바로 인생 게임 전반전에서 배웠던 '기회비용'이랍니다. 😄

월세와 전세, 어떤 것이 딱히 더 좋다기보다 내가 처한 상황과 목표에 따라 기회비용을 잘 따져 보고 합리적인 선택을 하는 게 정말 중요하겠죠?

"전세는 한 번에 큰돈을 집주인한테 맡기고 집을 빌리는 것! 월세는 매달 일정한 돈을 내고 집을 빌리는 것! 쉽네~!"

나은이와 강호가 어제 배운 내용을 복습하고 있었다.

"자, 그럼 어제 예고했던 대로 우리 '내 방 마련'을 해 볼까?"

"내 방 마련이요?"

"그래! 😄 내 방 마련!"

"선생님, 갑자기 웬 내 방 마련이에요?"

"너희들이 고등학교를 졸업하고 대학교를 갈 수도 있고, 바로 취업을 할 수도 있잖아. 어떤 상황이든 부모님과 떨어져서 생활한다면 너희들만의 자취방이 필요하지 않겠니?"

선생님의 말을 들으니 일리가 있는 것 같았다.

'오… 그러네!'

"자취라는 말을 들으니 너무 설레는데요? 저는 아직 어리지만 나중에 어른이 되면 저만의 공간을 꾸미고 친구들을 초대하는 게

꿈이었어요!"

"그럼… 현재 우리 반 나이는 마흔세 살이지만 잠시 스무 살로 돌아가는 타임머신을 타 볼까? 대학생이 되었다고 생각하고 너희들만의 자취방을 구해 보자!"

"좋아요!!"

"렛츠고!!"

어떤 대학교에 입학하게 될까?

"그럼 잠시 대학생이 되었으니 어떤 대학교에 갈지 선택해 볼까?"

선생님은 칠판에 크게 알파벳 세 개를 적었다.

"S, K, Y 중에 마음에 드는 알파벳을 선택해 보렴!"

1학기 때 주사위를 던져서 대학교 보너스가 결정됐던지라 아이들은 이 선택이 또 어떤 결과를 가져올지 몰라 고민에 빠졌다.

'음…. 어떤 알파벳을 선택해야 좋은 걸까?'

'S는 당연히 서울대학교 아닐까?'

'가상 세계에서라도 서울대학교에 한번 가 보자!'

"저는 'S' 선택할게요!"

꽤 많은 친구들이 비슷한 생각으로 알파벳 S를 선택했다. 선생님이 그런 친구들을 보며 미소 지었다.

"자, 그럼 S대학교를 소개하겠습니다! S대학교는 경기도 수원에 있는 성균관대학교 이과 캠퍼스입니다!"

"성균관대학교? 여기 엄청 유명하고 들어가기 힘든 학교잖아!"

"삼성그룹이 많은 후원을 하고 있다고 들었어! 우리나라의 주력 수출품인 반도체학과가 유명하다던데?"

친구들은 예상과 달라 조금 놀랐지만 어쨌든 가상으로라도 좋은 대학교에 입학하니 기분이 좋았다.

"그다음 알파벳 K를 선택할 친구들 있니?"

S가 서울대학교일 거라는 예상이 빗나가자 친구들은 조금 더 신중하게 생각하기 시작했다.

"K로 시작하는 대학교가 뭐가 있었지…? 아, 모르겠다! 그냥 가 보자!"

우리의 강호도 K대학교를 선택했다.

"그럼 K대학교 선택할 친구 더 없죠? K대학교는 바로… 두구두구두구두구~, 대전에 있는 카이스트(KAIST, Korea Advanced Institute of Science and Technology)입니다!"

"카이스트…? 그런 대학교가 있어요?"

대부분의 친구들이 처음 듣는 이름에 갸우뚱하고 있을 때 동현이가 빠르게 검색을 했다.

"어? 여기 나와 있네! 우리나라 최고의 과학 인재 양성을 목적으로 하는 대학교! 서울대학교처럼 입학하기가 엄청 힘들대!"

동현이의 설명에 강호의 표정이 밝아졌다.

"아싸!! 나 카이스트 입학했다!! 히히, 집에 가서 엄마한테 자랑해야지!"

이제 남은 대학교는 Y대학교였다.

"그럼 마지막 Y대학교 선택할 사람?"

나머지 친구들이 큰 기대감을 안고 손을 들었다.

"Y대학교는 서울에 있는 연세대학교입니다."

"오~! 나 서울에서 대학 생활 해 보고 싶었는데 잘됐다!"

Y대학교를 선택한 친구들 중엔 동현이와 현지가 있었다.

이렇게 친구들은 세 개의 대학교에 나눠 입학하게 되었다.

대학교 근처의 자취방을 구해 보자!

"자! 그럼 대학교 선택이 끝났으니 진짜 여러분만의 자취방을 구해 보도록 합시다~!"

"오! 재미있겠는데요! 빨리 근사한 자취방을 구하고 싶어요!"

"나도 삐까번쩍한 자취방을 구하고 싶어! 친구들도 초대하고 내가 좋아하는 연예인 사진으로 도배해 놔야지!"

친구들 모두가 선생님이 알려 주신 부동산 사이트에 들어가 올라와 있는 집 사진들을 구경하기 시작했다.

"잠깐! 선생님은 모두가 같은 조건에서 시작한다고 말한 적 없는데? 😋 뽑기를 해서 각자 자취방을 구하는 데 쓸 수 있는 예산을 랜덤으로 뽑게 할 거란다!"

"으악!!! 너무해요, 선생님!!"

"또 뽑기라니~, 뽑기 지옥이다!!"

"가상 현실에서라도 마음 놓고 돈 좀 쓰게 해 주시지. 😢"

"자자~, 다들 진정하고. 그럼 이제 자취방을 구하기 위한 예산 뽑기를 시작하겠습니다!"

친구들은 한 명씩 앞으로 나가 제비뽑기를 했다. 종이에는 각각 월세와 전세를 선택했을 때 쓸 수 있는 예산이 적혀 있었다.

> **자취방 예산 카드 예시**
>
> - 전세
>   - 사용할 수 있는 전세 보증금: 최대 7천만 원
> - 월세
>   - 사용할 수 있는 월세 보증금: 최대 500만 원
>   - 사용할 수 있는 월세: 최대 40만 원

친구들이 한 명씩 뽑기를 할 때마다 어떤 친구는 환호성을 질렀고 어떤 친구는 볼멘소리를 했다.

"우와!! 나는 사용할 수 있는 전세 보증금이 1억이나 있어!"

"나는 5천만 원밖에 없어. 😢 이걸로 원하는 자취방을 구할 수 있을까?"

"자! 그럼 각자 갖고 있는 예산으로 자취방을 구해 볼까?"

강호가 동현이와 현지를 부러운 시선으로 쳐다보았다.

"우와~, 너희들 진짜 부럽다. 나보다 예산이 더 많으니까 더 좋은 방을 구할 수 있겠는데?"

"에이~, 뭐 얼마나 차이 나겠어? 그럼 한번 우리만의 자취방을

찾아보자!"

선생님이 알려 주신 사이트에 들어가니 많은 매물이 올라와 있었다. 강호와 친구들이 부푼 마음을 안고 자취방을 찾아보는데 동현이와 현지의 표정이 급격히 안 좋아졌다.

"잉…? 이 돈으로 구할 수 있는 방이 이 정도밖에 안 된다고? 내가 꿈에 그리던 자취방과는 너무나 거리가 먼데?"

서울에 있는 연세대학교에 가상 입학한 동현이와 현지는 서울의 물가를 '몸'으로 느끼고 있었다. 꿈꿔 왔던 넓고 깔끔한 자취방을 구하기 위해선 예산의 몇 배나 되는 돈이 필요했다.

그때 반대편에서 강호의 들뜬 목소리가 들려왔다.

"어…? 나는 그래도 생각보다 괜찮은 방을 구할 수 있는데?"

"뭐라고?!"

강호의 말에 놀란 동현이와 현지가 강호의 옆자리로 달려왔. 강호 말대로 강호가 가진 예산은 현지와 동현이보다 훨씬 적었지만 대전에서는 조금 더 크고 깨끗한 방을 구할 수 있었다.

"선생님! 분명 저희가 가진 예산이 훨씬 많은데 강호가 더 좋은 자취방을 구할 수 있는 것 같아요! 이거 뭔가 좀 이상한데요?"

비슷한 방인데 왜 가격이 다르지?

"하하하! 우리 똑똑이들 많이 놀랐구나? 서울이 우리나라의 수도인 건 다들 알고 있지? 너희가 자취방을 구했던 연세대학교 근처는 서울 내에서도 중심지에 속한단다. 그래서 그런 거야."

"잉? 그래서 그런 거라뇨? 무슨 말인지 하나도 모르겠어요."

"교통과 상업의 중심지면서 일자리가 풍부한 지역이라는 뜻이지. 그리고 주변에 연세대학교뿐만 아니라 다른 대학교도 많아서 자취방을 구하는 대학생들이 많을 거야. 이렇게 집값이나 전·월세의 가격은 그 집이 어느 동네에 있는지, 교통이나 편의시설은 얼마나 좋은지, 근처에 일자리가 많은지 등 다양한 요인에 의해 결정된단다."

선생님의 설명이 조금씩 이해가 되는 동현이와 현지였다.

"아하~, 결국 저희가 자취방을 구하려는 지역은 모두가 원하는 인기 지역이니 전세나 월세 가격이 비쌀 수밖에 없겠군요.😢"

가상의 돈으로라도 자취방을 구해 보니 아이들은 어른이 되는 것이 정말 쉽지 않다고 느꼈다.

"그래도 저만의 자취방을 구해 볼래요! 저희 첫 보금자리인데 잘 꾸며 놓으면 엄청 행복할 것 같아요!"

아이들은 각자 주어진 예산 안에서 최선의 선택을 하기 위해 열심히 부동산 사이트를 검색했다.

"이거 봐 봐! 내가 구한 자취방은 크기는 좀 작아도 대학교에서 가까워서 절대 지각은 안 할 것 같아."

"나는 일부러 좀 떨어진 곳에 자취방을 잡았어! 대학교와의 거리는 좀 있지만 그래도 넓은 공간을 쓸 수 있어서 좋은걸?"

아이들이 서로 자기만의 기준을 갖고 자취방 구하는 모습을 선생님은 흐뭇하게 바라보았다.

전세 사기?
제 전세 보증금 돌려주세요!

강호와 친구들의 자취방 구하기 활동 잘 봤나요?
여러분이 꿈꾸는 자취방의 모습을 상상해 보는 것도 재미있을 것 같네요.

그런데 여러분!
만약 여러분이 전세 계약으로 자취방을 구하고, 계약이 끝났는데 집주인이 전세 보증금을 돌려주지 않는다면 어떨 것 같나요?
네?! 그게 말이 되나고요? 실제로 그런 일이 벌어지는 경우가 종종 있답니다. 😢 이런 걸 '전세 사기'라고 해요.

그럼 여러분들이 집주인한테 맡긴 전세 보증금은 어디로 간 걸까요?
여러 상황이 있을 수 있지만 집주인이 어딘가에 마음대로 써 버렸을 수도 있어요.
세상에! 도대체 집주인은 여러분들의 전세 보증금은 어떻게 돌려줄 계획일까요? 이런 경우 전세 계약이 끝나고, 다른 사람이 전세 계약을 하러 오면 그 돈으로 전세 보증금을 돌려주기도 한답니다.
일종의 '돌려 막기' 느낌이지요?
문제는 다른 사람이 전세 계약을 하러 오지 않으면 그 돈을 받지 못할 수도 있다는 거예요.

전세는 시간이 지나면 전세 보증금을 돌려받으니 매달 돈이 나가는 월세에 비해 뭔가 좋아 보이긴 하지만 이렇게 전세 사기의 가능성도 있어서 계약하기 전에 많은 공부가 필요하답니다.

　그리고 전세는 독특한 제도로, 전 세계적으로 우리나라에서만 찾아볼 수 있어요. 나중에 다른 나라에 가서 전세로 방을 계약하고 싶다고 하면 절대 안 된답니다! 😄

11장

우리 반 나이 48세, 팔까? 말까? 얼마나 팔까?

강호와 친구들이 포트폴리오를 짜서 위험 자산과 안전 자산에 나눠 투자를 시작한 지 어느덧 두 달이 지났다. 우리 반 나이는 어느새 마흔여덟 살이 되어 있었다.

친구들은 1학기 때와 똑같이 투자 중간 점검을 위한 주주 총회를 열었다. 그런데 한국 시장에 투자하고 있던 친구들은 뉴스 기사를 보고 큰 충격에 빠졌다.

인생일보

한국의 갑작스러운 계엄에 따른 한국 주식 시장 폭락
외국인 투자자들 한국 주식 팔고 도망쳐

"사회 교과서에서만 보던 '계엄'을 내 초등학교 인생에서 경험하다니!"

"아니, 정치랑 주식 시장이랑 무슨 상관인데!!😢"

한국 주식 시장에 투자하고 있던 친구들의 입에서 곡소리가 나오기 시작했다. 하루 만에 주식 시장 전체가 2퍼센트 가까이 하락하고 있었다.

'우리나라의 상황이 안 좋아지면 외국인 투자자들이 한국 주식을 대량으로 팔고, 그게 또 우리나라 주식 시장을 하락하게 만드는구나?!'

> **인생일보**
>
> 한국 상황에 대한 불안감으로 환율 상승,
> 1달러 가격 하루 만에 1,440원까지 치솟아

강호는 한국 주식 시장에 투자하지는 않았지만 다른 친구들을 관찰하며 많은 것을 배우고 있었다. 반 친구들 모두가 한 나라의 정치 상황이 주식 시장에도 많은 영향을 미친다는 사실을 몸으로 느끼고 있었다. 그때 한쪽에서 또 다른 친구들이 급하게 무엇인가를 검색하기 시작했다.

1달러에 1,400원 정도 하던 달러 가격이 하루 만에 1,440원까지 올라 있었다. 하루 만에 약 3퍼센트 정도가 오른 것이다.

"와…. 조금이라도 달러에 투자해 놓기 잘했다."

"진짜 선생님이랑 배운 대로 뭔가 위기가 생기면 달러의 가격이 올라갈 수도 있구나?"

안전 자산인 달러에 조금이라도 투자해 두었던 친구들이 가슴을 쓸어내렸다.

"오~, 선생님! 달러가 게임으로 치면 '방어막' 같아요!"

"방어막?"

"뭔가 위험한 일이 생겨도 달러를 조금이라도 갖고 있으니 최소한의 방어가 되잖아요!"

"아하~, 그 얘기를 하려던 거구나. 실제로 '달러 쿠션'이라는 용어가 있단다."

"달러 쿠션이요?"

"우리가 높은 곳에서 떨어질 때, 밑에 쿠션이나 매트 같은 것이 있으면 충격을 덜 받을 수 있잖니? 실제로 갑작스럽게 경제 위기가 오거나 불안한 상황이 생겼을 때, 조금이라도 포트폴리오에 달러를 갖고 있으면 손실을 그만큼 줄일 수 있다는 뜻이란다."

그때 한쪽에서 나은이가 툴툴거렸다.

"힝, 나는 한국 주식 반, 미국 주식 반 이렇게 투자했는데… 조금이라도 포트폴리오에 안전 자산을 넣어 둘걸.😢"

1학기 때 애플에 투자해서 1등을 했던 나은이는 투자가 쉬워 보였다. 그래서 포트폴리오에 안전 자산을 조금이라도 넣어 두면 좋다는 말을 무시했던 것이다.

"나은아, 그래도 이걸 봐 봐!"

한국에서 이름을 들어 봤을 유명한 기업들의 주식이 크게 떨어지고 있었다.

"나은아, 그래도 ETF로 한국을 대표하는 200개 기업에 분산 투자해서 2퍼센트 정도 하락에 그친 거잖아. 만약 1학기 때처럼 하나의 기업에 잘못 투자했다면? 으아~, 상상도 하기 싫다!"

친구들의 위로를 들으니 나은이는 그래도 다행이라는 생각이 들었다.

"그래! 일단 분위기가 좋지 않으니 이번 주에는 잠시 투자를 하지 말고 지켜봐야겠어!"

반면 동현이처럼 배당을 많이 주는 주식들에 분산 투자한 친구들은 배당금이 들어와서 좋아하고 있었다.

"우와! 진짜 은행 이자처럼 배당금이 들어오네? 그것도 한 달에 한 번씩 들어와요!"

"이렇게 한 달에 한 번씩 배당금이 들어오는 걸 월 배당이라고 한단다. 3개월에 한 번씩 배당금이 들어오면 분기 배당이라고 하고. 아 참, 분기가 뭔지 벌써 까먹은 건 아니겠지?"

"1년 열두 달을 4등분 해서 1~3월을 1분기, 4~6월을 2분기, 이런 식으로 나눠 놓은 거였잖아요. 기업들은 이렇게 분기에 한 번씩 돈을 잘 벌고 있는지 실적 발표를 한다고 했었고요! 저희들도 이제 이 정도는 안다고요~!😄"

적은 돈이라도 일단 배당금으로 돈이 들어오니까 기분이 좋은 친구들이었다.

"선생님! ETF를 활용해 배당을 주는 기업들 100개에 분산 투자를 하니까 뭔가 조금 더 안정적인 것 같아요. 방어력이 높다고 해야 할까?"

친구들 모두 가짜 돈이라도 실제 주식에 투자하며 많은 것을 배우고 있었다.

"기업 입장에서 주주들에게 배당금을 줄 수 있다는 것 자체가 기업이 어느 정도 안정적이라는 뜻이란다. 당장 물건이나 서비스가 잘 안 팔려서 돈을 못 벌고 있다면 주주들에게 배당금을 줄 여

유도 없을 테니까! 동현이는 그렇게 배당을 잘 주고 있는 기업들 100개에 분산 투자를 했으니 주가도 조금 더 안정적일 수 있는 거고 말이야."

짜릿하지가 않잖아! 이게 무슨 투자야!

이렇게 주주 총회를 하고 있을 때, 지후가 툴툴거렸다.

"선생님, 근데 저희가 지금 하고 있는 게 정말 투자 맞아요?"

"응? 당연하지! 왜 그러니?"

"뭔가 화끈하게 오르고 떨어지는 '짜릿한 맛'이 있어야 하는데 그렇지 않잖아요! 1학기 때 삼성전자나 애플 같은 개별 기업에 투자했을 때는 주가가 위아래로 막 롤러코스터를 타서 짜릿하고 재밌었거든요. 그런데 2학기 때는 수백 개 기업에 나눠 투자하고, 금이나 달러에도 나눠서 투자하니까, 뭐랄까…. 조금 지루한 느낌이에요."

지후뿐만 아니라 몇몇 친구들도 같은 생각을 하고 있었다.

"하하하! 지후가 그런 생각을 갖고 있었구나? 근데 있잖아~, 지후야, 우리가 투자를 하는 이유는 짜릿함을 느끼기 위해서가 아니란다."

"맞아! 짜릿함을 느끼려면 차라리 번지점프를 하는 게 더 낫겠다!"

강호가 선생님의 말에 맞장구를 치자 옆에서 친구들이 함께 웃었다.

"음… 각자가 꿈꾸는 삶이 다르겠지만… 만약 너희들이 갖게 될 직업에서 나오는 월급이 바라는 만큼 충분하지 않을 수도 있어. 그럴 때 지금 너희들이 경험하고 있는 투자가 큰 도움이 될 수 있단다. 물론 시간이 조금 걸리겠지만 말이야. 😄"

주식이 올랐는데 어떻게 하지?

그렇게 주주 총회를 마치고 며칠이 지났다.

1학기 때 동현이와 '결혼'을 해서 경제 공동체가 된 강호는 최근 고민에 빠져 있었다.

"동현아! 다행히 투자해 놓았던 미국 주식이 조금 올랐는데 이거 팔아도 될까? 어디선가 '장기 투자'가 중요하다면서 주식을 그냥 갖고 있으면 된다고 들었던 것 같긴 한데…."

강호는 뭔가 주식을 팔면 안 될 것 같은 느낌에 동현이에게 조언을 구했다.

"그래, 강호야! 괜히 조금 올랐다고 팔았다가 나중에 더 오르면 어떡해. 그냥 은퇴하기 전까지 갖고 있자!"

그러자 옆에서 듣고 있던 현지가 끼어들었다.

"응? 주식을 그냥 갖고 있으면 된다고? 그거 정말 '검증'된 거 맞아?"

"어… 검증이라기보다…."

현지가 날카롭게 질문하자 동현이가 머뭇거렸다.

"만약 강호가 지금 오른 주식을 갖고 있었는데 우리가 은퇴하기 전에 주식이 떨어지면 어떡해? 그럴 수도 있는 거 아니야?"

현지의 지적에 강호는 또 불안해졌다.

"그러네. 이제 좀 있으면 은퇴인데…. 올랐을 때 안 팔았다가 나중에 다시 떨어져서 후회하면 어떡하지?"

아이들의 대화를 엿듣고 있던 선생님이 웃으며 등장했다.

"둘 다 맞는 말이야, 애들아. 강호가 투자해서 이득을 보고 있는 미국 주식이 앞으로 더 오를 수도 있고, 너희들이 은퇴하는 12월에 갑자기 무슨 일이 생겨서 떨어질 수도 있지. 주가가 오를지 내릴지는 아무도 모른단다."

"에이, 그럼 어떻게 하란 말이에요! 선생님이 그냥 정답을 알려 주세요. 😢"

이러지도 저러지도 못하고 있는 강호였다.

"그럼 이득을 보고 있는 미국 주식을 다 팔지 말고, 조금만 파는 건 어떨까?"

"조금만 판다고요?"

"그래, 강호야. 만약 네가 미국 주식에 100만 원 정도를 투자했다고 생각해 보자. 그리고 지금 10만 원 정도 이득을 보고 있어. 100만 원어치를 다 팔면 처음 투자했던 원금 100만 원에 투자 수익금 10만 원을 돌려받게 되겠지? 그런데 네가 주식을 다 팔았는데 미국 주식이 더 올라 버리면 어떻게 될까?"

"올라도 돈을 벌 수가 없죠. 이미 주식을 다 팔았으니까요!"

"그래, 그러니까 주식을 다 팔지 말고, 절반 정도만 파는 거야! 50만 원을 팔면, 이번에 투자 수익금으로 5만 원 정도를 벌고, 혹시나 나중에 주식이 오르면 돈을 더 벌 수 있을 테니까 말이야. 😄"

"오~, '이래도 좋고, 저래도 좋아' 전략이네요!"

"혹~시라도 이득을 보고 있던 미국 주식의 가격이 다시 떨어져도 가격이 비쌀 때 절반을 팔아 놨으니 다행이라는 생각이 들

수 있을 테고요!"

친구들은 선생님의 설명에 안심한 표정이었다.

"그럼 지금 이득 보고 있는 미국 주식을 조금 판 다음에 아직 오르지 않은 중국 주식이나 달러에 조금 더 투자해 볼게요!"

'투자의 세계'에 정답은 없지만 이렇게 다양한 경험을 하며 아이들은 조금씩 성장하고 있었다.

타임머신을 타고 과거로 떠나 투자했다면?

강호와 친구들의 2학기 투자 이야기! 흥미롭게 보고 있나요?

그래도 1학기 때보다는 조금 더 안전한 투자를 하고 있는 것 같아 다행이네요!

그런데 선생님은 강호가 주식 가격이 오르자 주식을 팔지, 아니면 갖고 있을지 고민하던 부분에서 현지가 동현이에게 한 말이 기억에 남아요.

"주식을 그냥 갖고 있으면 된다고? 그거 정말 '검증'된 거 맞아?"

여러분! 소중한 내 돈을 갖고 투자하는데 그냥 '느낌적인 느낌'으로 투자를 해서는 안 되겠지요?

현지의 말처럼 주식에 투자해 놓고 그냥 갖고만 있는 게 좋은지, 아니면 주식이 오르면 중간에 조금 팔았다가 다시 떨어지면 조금 사기도 하는 게 좋은지 '검증'해 볼 수는 없을까요?

우리가 길거리에서 보는 자동차를 한번 생각해 볼게요.

자동차 회사가 새로운 자동차를 만든 후, 바로 손님들에게 팔지는 않을 거예요. 우리나라에서 비나 눈이 가장 많이 왔을 때의 과거 데이터를 바탕으로 비나 눈이 많이 와도 안전하게 달릴 수 있는지 먼저 실험해 보겠죠? 그리고 좌우, 앞뒤 여러 방향에서 충돌 테스트도 진행할 거예요. 이렇게 여러 테스트를 해 보면서 조금 더 안전한 자동차를 만들려고 노력할 겁니다.

이처럼 투자의 세계에서도 과거의 여러 데이터를 바탕으로 어떻게 투자해야 조금 더 안전하게 투자할 수 있는지를 '테스트'한답니다. 이런 걸 백테스팅(backtesting)이라고 해요.

'back'은 '뒤'를 뜻하는 영어 단어잖아요. '뒤(과거)'로 가서 테스트를 해 보는 거죠. 과거에 어떻게 했을 때 더 안전하게 돈을 벌 수 있는지 말이에요.

여러분들이 나중에 어른이 되었을 때, 투자를 하게 된다면 이처럼 포트폴리오를 만들고 백테스팅을 해 보는 게 중요합니다. 그래야 조금이라도 안전한 투자를 할 수 있을 테니까요.

"선생님! 저희 학기 초에 체육 많이 시켜 주신다고 하셨잖아요! 보너스 체육 한 번 하면 안 돼요?"

국어 수업을 하던 어느 오후, 책 읽기가 싫어 뒷자리에 앉아서 몸을 배배 꼬던 지후가 소리쳤다. 이럴 때면 초스피드로 한마음 한뜻이 되는 아이들이 기회를 놓치지 않고 선생님께 체육을 하자고 졸랐다.

"음… 그럼 오늘은 강당에서 간단한 술래잡기 한번 할까?"

"술래잡기요?! 와~!"

술래잡기라는 말에 모두가 신이 났다. 뭐든 공부하는 것만 아니면 다 좋은 친구들이었다.

"자, 오늘 해 볼 술래잡기는 '좀비 술래잡기'란다."

"엥? 좀비 술래잡기요?"

어릴 때 가끔 술래잡기를 했지만 좀비 술래잡기는 처음이었다.

"우리 반에서 제일 빠른 친구가 누구지?"

반 친구들 모두의 시선이 한 사람, 동현이를 향했다.

"좀비 영화를 보면 어떤 이유로든 좀비 바이러스에 제일 먼저 감염되는 사람이 있지?"

"맞아요! 그래서 그 사람이 다른 사람들을 전염시키잖아요!"

"그래그래. 그런 좀비를 보통 '숙주 좀비'라고 부른단다. 지금 우리 반에선 동현이가 숙주 좀비야!"

선생님의 한 마디에 모두가 동현이를 무섭게 쳐다보았다.

"얘들아! 진정해~. 그냥 술래잡기를 위한 컨셉이라고. 😢"

"자, 그럼 첫 번째 게임은 동현이가 모든 친구들을 터치해서 감염시키면 끝나는 게임이야! 감염된 친구들은 모두 경기장 밖으로 나와서 기다리기. 그럼 시~작!"

동현이는 친구들을 감염시키기 위해 이쪽저쪽으로 뛰어다녔다. 우리 반에서 달리기가 가장 빠른 동현이었지만 혼자서 모두를 감염시키는 게 쉽지 않았다.

결국 4분 정도 만에 반 친구들을 모두 감염시킬 수 있었다.

"헥헥… 선생님, 너무 힘들어요."

동현이가 가쁜 숨을 몰아쉬었다.

"혼자서 친구들을 다 감염시키려니까 힘들었지?"

"네네. 한 명씩 일일이 잡아야 하니까 너무 힘들었어요…."

"그래. 좀 쉬다가 두 번째 게임을 진행하자."

"두 번째 게임이요?"

"자, 이번에 할 술래잡기 규칙은 첫 번째랑은 조금 달라. 두 번째 게임부터는 동현이에게 잡힌 친구들도 똑같이 좀비로 변하는

거야. 그러면 그 친구들도 곧바로 다른 친구를 감염시킬 수 있지."

"뭐 크게 바뀐 건 없네요! 빨리 시작해요, 선생님!"

그렇게 좀비 술래잡기 2라운드가 시작되었다. 동현이는 선생님의 '시~작!' 소리가 끝나자마자 재빨리 달려가 한 친구를 감염시켰다. 그러자 그 친구도 옆에 있던 다른 친구를 바로 감염시켰다. 그렇게 동현이 한 명이었던 좀비는 눈 깜짝할 사이에 늘어나 좀비가 아닌 친구들보다 더 많아져 있었다.

"으악!! 좀비들이 너무 많아~!!"

강당은 순식간에 좀비들로 가득 찼고 2라운드는 2분도 채 안 되어 끝났다.

"오호~, 1라운드보다 친구들을 감염시키는 게 훨씬 쉬운 걸요?"

돈이 불어나는 속도가 있다?

"선생님, 근데 갑자기 좀비 술래잡기를 한 이유가 뭐예요?"
"단리와 복리를 몸으로 느껴 보기 위해서란다!"
"단리와 복리요?"

"저희는 그냥 술래잡기하고 논 거밖에 없는데요?"

"너희들은 저축이나 투자를 했을 때, 처음 계좌에 넣은 돈인 '원금'이 천천히 불어났으면 좋겠니, 아니면 빨리 불어났으면 좋겠니?"

아이들이 소리쳤다.

"당연히 빨리 불어나야죠!!!"

"돈 복사됐으면 좋겠어요!!!"

"그래그래. 😄 단리와 복리는 돈이 불어나는 속도와 관련된 개념이라고 생각하면 된단다."

"네? 돈이 불어나는 속도요?"

친구들은 아직도 좀비 술래잡기와 단리, 복리가 무슨 상관이 있는지 이해가 되지 않았다.

"좀비 술래잡기에서 숙주 좀비였던 동현이가 '원금'이라고 생각해 볼까? 그리고 동현이에게 감염당한 친구들은 '이자 좀비'라고 생각해 보는 거야. 1라운드에선 동현이가 친구들을 모두 감염시키는 데 엄청 오랜 시간이 걸렸어. 왜 그랬을까?"

"당연히 동현이만 친구들을 감염시킬 수 있었으니까요."

"그래. 이렇게 원금(동현이)만 이자를 만들어 내는 방식을 단리라고 한단다. 원금에만 이자가 붙으니 돈이 불어나는 속도가 느리지. 그럼 2라운드는 어땠지?"

"아! 선생님! 이건 제가 설명해 볼게요!"

강호가 자신 있게 손을 들었다.

"동현이에게 감염된 친구들이 이자 좀비가 되어 또 다른 친구들을 감염시켰어요. 그 친구들도 또 다른 친구들을 이자 좀비로 만들었고요!"

"그래. 이렇게 원금뿐만 아니라 이자에도 이자가 붙어서 돈이 불어나는 방식을 복리 라고 부른단다."

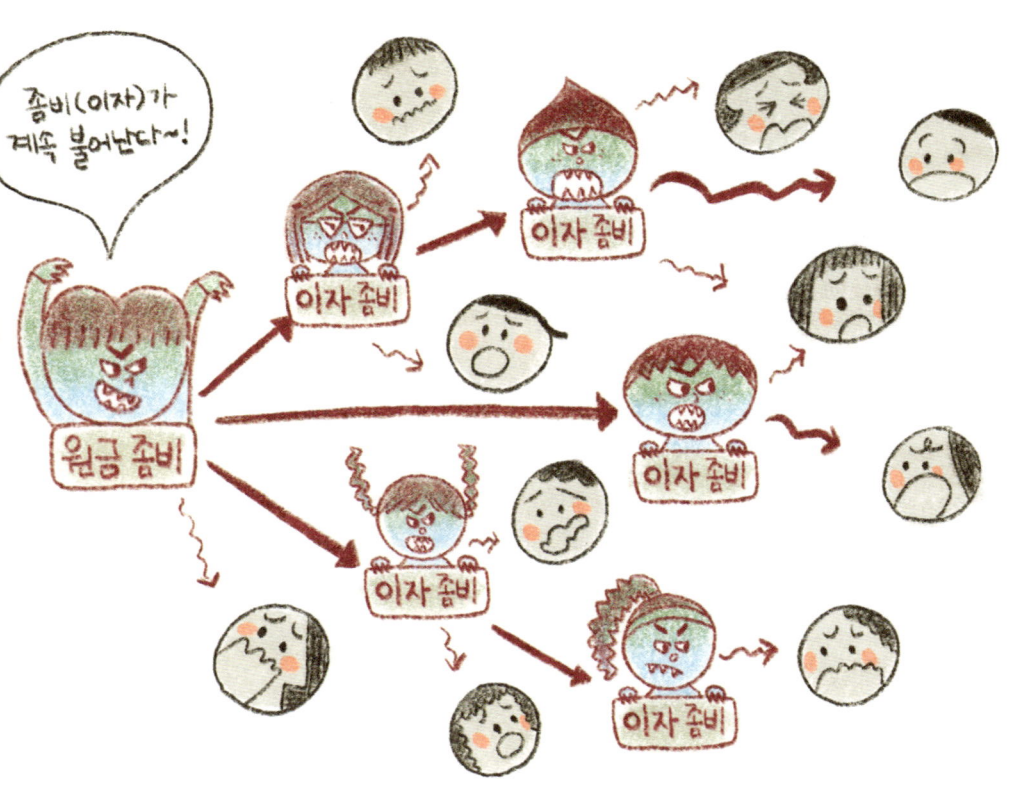

"아~, 그래서 2라운드 때 술래잡기가 빨리 끝났구나!"

좀비 술래잡기를 통해 몸으로 복리 효과를 느끼니 더 쉽게 이해가 되는 듯했다.

"선생님, 그럼 복리 효과는 진짜 좋은 거네요?"

"너희들이 좋아하는 '돈 복사' 할 때의 '복' 자와 '복리 효과'에서의 '복' 자가 한자로 똑같은 글자야. 물론 구체적으로 사용되는 의미는 조금 다르지만 말이야."

'이자 감염 능력'을 높이자!

"자, 각자 태블릿을 꺼내서 선생님이 보내 준 사이트에 들어가 볼까?"

"선생님, 이게 뭐예요?"

"실제 어른들이 쓰는 '은퇴 자금 계산기'란다! 지금 가진 돈과 매년 투자 수익률을 입력하면 미래에 모을 수 있는 돈을 계산할 수 있지!"

아이들은 빈칸에 이런저런 숫자들을 입력하며 놀았다. 옆 친구보다 더 큰 숫자를 만들려고 이렇게 바꿨다 저렇게 바꿨다 하는

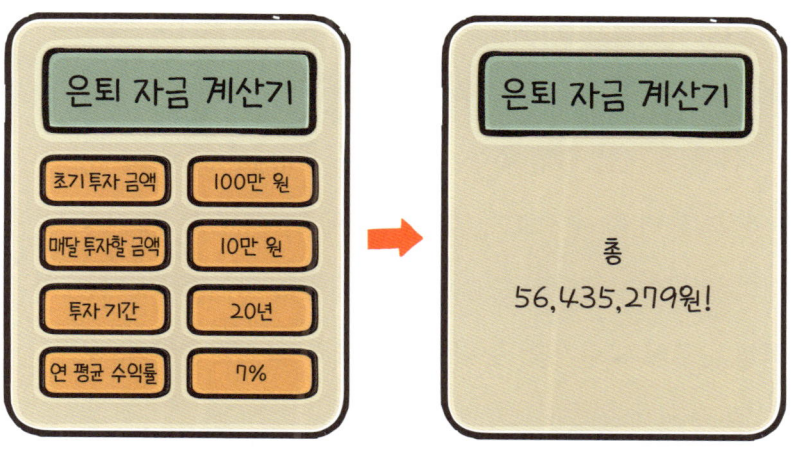

친구도 있었다.

"와! 얼마 안 되는 돈이라도 오랫동안 투자하면 꽤 큰돈이 모이는데요?"

"아까 했던 좀비 술래잡기를 다시 생각해 보렴. 강당에 친구들이 더 많고 시간이 더 주어졌다면 당연히 엄청나게 많은 친구를 감염시킬 수 있었을 거야! 그래서 복리 효과를 누리려면 투자를 빨리 시작해서 오랫동안 하는 게 중요해."

"선생님. 그리고 수익률도 신기해요! 그냥 심심해서 수익률을 2~3퍼센트 정도만 바꿔 봤는데도 나중에 모이는 돈에 엄청 큰 차이가 났어요."

"그래. 이것도 좀비 술래…."

"아! 선생님, 이건 저희가 말해 볼게요!!"

아이들은 선생님의 말을 끊고 서로 이야기하려고 아우성쳤다. 가장 먼저 손을 든 강호가 말했다.

"수익률이 조금이라도 높아졌다는 건 원금 좀비가 다른 친구들을 감염시킬 수 있는 능력치가 높아졌다는 뜻 아닐까요?"

"무슨 말이지?"

"수익률이 조금이라도 높으면 그만큼 더 빨리 돈이 불어나는 거잖아요. 말하자면 원금 좀비인 동현이한테 아이템 같은 게 생긴 거죠."

"멀리 있는 친구들을 감염시킬 수 있는 막대기나 달리기 속도가 빨라지는 신발 같은 것?"

"오~, 생각해 보니 그렇네! 수익률이 높아져서 이자 감염 능력이 세지면 시간이 지났을 때 돈이 엄청 많이 불어나는 거구나!"

"강호가 선생님보다 설명을 더 잘하는데?"

강호는 좀비 술래잡기를 통해 몸으로 체험하고 은퇴 계산기를 통해 직접 숫자로 확인하니 복리의 위력이 더 크게 느껴졌다. 조금이라도 안정적으로 오랫동안 돈을 굴리는 것이 정말 중요하구나, 하는 생각이 들었다.

"자, 그럼 다음 시간엔 너희들이 진짜 은퇴를 위해 충분히 돈을 모아 놓았는지 살펴볼 거란다~."

"으악~, 선생님, 은퇴 싫어요! 아직 돈 더 모아야 할 것 같은데!"

선생님과 함께한 인생 게임이 점점 마지막을 향해 달려가고 있었다.

 **내 돈이 두 배가 되는 데 걸리는 시간은?**

강호와 친구들이 했던 좀비 술래잡기 잘 보았나요?

복리를 활용하면 원금 좀비뿐만 아니라 이자 좀비도 다른 친구들을 이자 좀비로 만들 수 있어서 돈이 불어나는 속도가 엄청 빨랐지요?

그럼 여기서 퀴즈를 한번 내 볼게요.

만약 어떤 사람이 100만 원을 갖고 투자를 시작했다고 해요. 그런데 이 사람은 초능력을 갖고 있습니다! 그래서 자기가 원하는 만큼의 투자 수익률을 얻을 수 있지요. 그럼 이 사람이 매년 복리로 6퍼센트의 수익률을 낼 수 있다면 처음 투자했던 100만 원이 200만 원으로 두 배가 되는 데 걸리는 시간을 어떻게 계산할 수 있을까요?

정답은 아주 간단하답니다. '72'를 수익률로 나눠 보면 되거든요.

72 ÷ 6 = 12가 나오지요? 100만 원의 원금이 두 배가 되는 데 약 12년이라는 시간이 걸린다는 말이랍니다.

아니, 갑자기 72가 어디서 튀어 나왔냐고요? 사실 72는 경험적으로 나온 숫자랍니다. 수학 공식으로 돈이 두 배가 되는 기간을 정확히 계산하려면 '로그 함수'라고 하는 여러분이 고등학교에 가서 배우는 아주아주 어려운 계산법을 사용해야 해요. 그런데 그건 너무 어려우니까 쉽고 빠르게 계산할 수 있는 숫자를 사람들이 찾은 거죠! 실제로 다양한 이자율로 계산해 봤더니 72라는 숫자가 적당히 정확해서 법칙으로 굳어진 거랍니다.

근데 12년이 너무 길다고요? 그럼 수익률을 조금만 높여 볼까요?
만약 이 초능력자가 매년 12퍼센트의 투자 수익률을 낼 수 있다고 생각해 봐요. 아 참! 잊으면 안 돼요! 복리로 이자에도 이자가 붙어서 돈이 불어났을 때를 생각해 보는 겁니다!
72 ÷ 12 = 6이 나오지요? 약 6년 만에 100만 원의 원금이 두 배가 된다는 얘기랍니다.
어렵지 않죠? 어른들은 이걸 '72 법칙'이라고 불러요.

물론 매년 12퍼센트의 수익률을 얻는 건 정말 어려운 일입니다.
그런데 여러분들이 이 책을 보기 전, 처음 주식에 대해 생각했을 때만 해도 운 좋게 빠르게 오를 주식을 알게 돼서 한 달 만에 두세 배씩 오르는 것을 상상하지 않았나요?
1년에 12퍼센트 정도 꾸준히 수익을 내는 건 어렵다고 생각하면서 왜 운 좋게 두세 배 오를 주식은 쉽게 찾을 수 있다고 생각하나요?
그런 주식들은 찾기도 어려울 뿐더러 매우 위험하답니다.
그리고 정말 운 좋게 그런 주식을 고른 적이 있다고 해도 그런 주식들을 매번 고르는 것은 불가능하죠!

그럼 '복리 효과'를 최대한 누리기 위해선 어떻게 해야 할까요?

첫 번째는 '돈 공부'에 조금 더 일찍 관심을 갖고 투자를 일찍 경험해 보는 것이에요.

두 번째는 '운'을 믿고 욕심내서 투자하기보다는 오랫동안 꾸준하게 수익을 낼 수 있도록 포트폴리오를 만들고 주식과 같은 위험 자산과 금, 달러 같은 안전 자산에 나눠서 투자하는 것이랍니다.

마침 강호와 친구들이 이걸 실천에 옮기고 있네요!

여러분도 할 수 있겠지요?

인생 게임을 시작한 지 얼마 되지 않은 것 같은데 벌써 11월에 접어들었다.

이 말은 우리 반 나이가 이제 쉰세 살이고, 돈을 더 이상 못 버는 12월까지 한 달밖에 남지 않았다는 뜻이었다.

"12월부턴 더 이상 돈을 벌지 못하는데 노후 대비는 잘 되어 있니?"

"선생님! 저 저축통장에 600만 원 있어요!"

"저는 800만 원이요!"

친구들이 각자 모아 놓은 돈을 외치기 시작했다. 상대적으로 저축한 돈이 적은 친구들은 조용히 눈치를 보고 있었다.

그때, 강호가 손을 들고 질문했다.

"선생님~! 12월부터 은퇴를 하는데, 은퇴 후에 노후를 잘 보내려면 얼마 정도가 필요한 건가요? 제가 충분한 돈을 모아 놓은 건지 알 수가 없으니 불안해요!"

강호의 질문에 친구들 모두가 동의한다는 듯 선생님을 쳐다보았다.

"<mark>노후 자금</mark>으로 정확히 얼마가 필요한지 궁금한 거구나? 그럼 12월에 은퇴를 하고 1월에 졸업할 때까지 <mark>노후를 보내기 위해 필요한 돈</mark>이 얼마인지 살펴볼까?"

노후 자금으로 필요한 돈은 얼마일까?

은퇴를 하는 12월부터 초등학교를 졸업하는 1월까지, 약 6주간 그동안 모은 돈으로 노후를 지내야 하는 아이들이었다.

2학기가 되면서 13만 원으로 올랐던 고정지출은 물가 상승으로 어느새 18만 원까지 훌쩍 올라 있었다.

"자~, 그럼 우리 반에서 노후를 보내기 위해 필요한 노후 자금을 정리해 보자."

선생님이 칠판에 은퇴 후에 필요한 지출에 대해 한 줄씩 적어 나가기 시작했다. 아이들은 긴장한 모습으로 칠판을 바라보았다. 칠판에 한 줄씩 문장이 추가될 때마다 아이들이 소리를 질렀다.

"선생님! 이제 그만 적어요. 😢"

한참을 적던 선생님은 '이 정도면 됐다' 하는 표정으로 쓰기를 멈추고 아이들을 바라보았다.

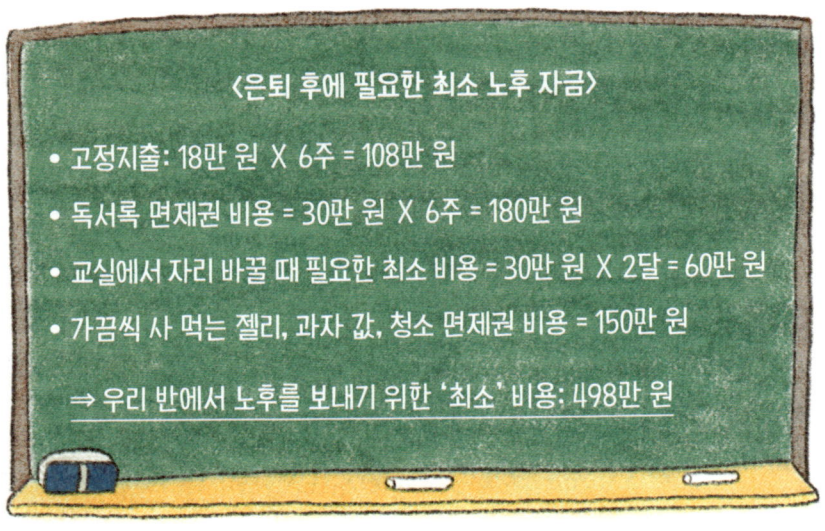

〈은퇴 후에 필요한 최소 노후 자금〉

- 고정지출: 18만 원 X 6주 = 108만 원
- 독서록 면제권 비용 = 30만 원 X 6주 = 180만 원
- 교실에서 자리 바꿀 때 필요한 최소 비용 = 30만 원 X 2달 = 60만 원
- 가끔씩 사 먹는 젤리, 과자 값, 청소 면제권 비용 = 150만 원

⇒ 우리 반에서 노후를 보내기 위한 '최소' 비용: 498만 원

"우와…."

"돈이 이렇게나 많이 든다고?"

강호와 친구들은 맨 아래쪽에 적힌 '최소' 비용을 보고 깜짝 놀랄 수밖에 없었다.

똑같이 시작했지만 저축 금액이 다른 이유

"자~, 그럼 다들 통장에 얼마가 있는지 살펴볼까?"

아이들은 모두 급여, 저축, 투자, 소비로 된 네 개의 통장을 꺼내기 시작했다. 1학기 때 배운 '통장 쪼개기'를 통해 만들어 둔 것이었다. 3월부터 사용하느라 통장이 조금 낡았지만 그래도 매주 통장 쪼개기를 하면서 아이들은 직접 스스로 자산을 관리해 오고 있었다.

"자! 그럼 통장에 있는 돈을 모두 더해서 지금까지 모은 총 자산을 계산해 보렴!"

다들 가지고 있던 통장을 꺼내 남아 있는 돈을 더하기 시작했다. 혹시 계산 실수를 해서 돈이 줄어들까 봐 다들 두세 번씩 다시 확인하는 모습이었다.

"오~! 생각보다 많이 모았네!"

"히히~, 나도!"

대부분의 친구들이 최소 노후 자금인 500만 원이 넘는 돈을 모아 놓은 상태였다.

"노후 대비가 안 되어 있으면 독서록을 써야 한다는 게 돈을 잘 모을 수 있었던 비결인 것 같아요!😊"

"통장 쪼개기도 있잖아! 소비하기 전에 저축이랑 투자 먼저!"

친구들이 깔깔깔 웃으며 노후 대비가 잘되어 있다고 좋아하고 있을 때, 몇몇 학생들이 선생님의 눈치를 보며 질문했다. 지후와 민서였다.

"선생님… 저희는… 모아 놓은 돈이 거의 없는데요…?"

지후와 민서의 통장엔 200만 원 정도가 전부였다.

"응? 그럴 리가 없을 텐데?"

주변 친구들과 선생님이 믿을 수 없다는 표정으로 쳐다보았다. 지후와 민서는 무언가 잘못되었다는 생각을 하며 서로를 쳐다보았다. 지금까지 교실에서의 삶이 머릿속에서 스쳐 지나갔다.

'스스로에 대한 투자 좀 열심히 할걸….😢'

지후가 속으로 생각했다.

사실 우리 반에서 돈을 벌기는 쉬운 편이었다. 그냥 투자 노트

에 일주일 동안의 목표를 스스로 설정하고 달성하기만 하면 됐으니까 말이다. 하지만 그마저도 대충하거나 아예 하지 않는 친구들이 몇몇 있었다. 지후는 '어떻게든 되겠지'라는 생각으로 교실에서의 금융 생활을 신경 쓰지 않은 게 후회됐다.

'아~, 저번에 강호 결혼식 때 장난으로 축의금 200만 원 줬었는데….'

'주식 고를 때도 장난으로 막 고르지 말걸….'

3월에 반 친구들 모두가 똑같이 '0원'에서 시작했는데 이렇게 차이가 날 수 있다는 게 지후와 민서는 믿어지지 않았다.

'실제로 나이가 들어서 더 이상 돈을 벌 수 없는데, 모아 놓은 돈이 부족하면 어떤 느낌일까?'

'우리가 어른이 되어서도 이런 비슷한 일이 일어나게 될까?'

강호와 친구들이 속으로 생각했다.

마지막 구원투수, 국민연금

그때 나은이가 친구들을 보며 소리쳤다.

"얘들아! 국민연금! 우리 국민연금 가입했었잖아!"

지후와 민서가 동시에 서로를 바라보며 말했다.

"와, 우리 살았다!!"

7월, 우리 반 나이가 서른세 살일 때 국민연금에 가입했던 게 떠올랐다.

"너희들 그때 고정지출 3만 원 늘린다고 엄청 툴툴거렸던 것 기억나니?"

나은이를 포함해 몇몇 친구들은 국민연금에 의무적으로 가입하는 게 싫다고 했던 것을 떠올렸다. 그때는 '연금'이 왜 필요한가 했는데 실제로 겪어 보니 그 필요성을 이해할 수 있었다.

"선생님~! 그럼 저희 국민연금 얼마나 받나요?"

"서른세 살부터 저희 매주 3만 원씩 국민연금 냈잖아요~. 넉넉하게 좀 주세요. 😄"

"그럴까?! 어디 보자…."

하지만 지금까지 모은 돈에다 국민연금을 다 합쳐도 노후 자금이 충분치 않았다.

'흠…, 어디 돈 더 나올 데 없나?!'

이대로 가면 12월에 다른 친구들이 다 편안하게 쉴 때, 지후와 민서는 매주 독서록도 써야 하고 청소도 해야 하는 상황이었다.

'6학년의 마무리를 이렇게 할 순 없는데.😢'

그때 선생님이 학급 TV에 화면을 하나 띄웠다. 우리 반 친구들의 투자 수익률이 나와 있는 화면이었다.

그리고 그곳엔 2학기 동안 지후와 민서가 투자해 놓은 돈도 있었다.

이름	투자 원금	수익률	투자 수익금	투자 기간
지후	80만 원	3%	2만 4천 원	5개월
민서	100만 원	4%	4만 원	5개월
현지	150만 원	5%	7만 5천 원	5개월
강호	80만 원	5%	4만 원	5개월
동현	150만 원	3%	4만 5천 원	5개월

"오, 플러스다!!"

다행히 지후와 민서의 수익률은 나쁘지 않았다. 잘은 모르지만 친구들을 따라 투자 지역(선진국, 신흥국)을 나누고, 수백, 수천 개 기업에 분산 투자한 후, 혹시 몰라 안전 자산인 금과 달러에도 투자해 놓았던 것이다. 그렇게 만들어진 포트폴리오 수익률이 그런대로 괜찮았다. 1학기 때 투자를 경험해 본 터라 투자로 돈을 번다는 게 쉬운 일이 아니라는 사실을 알고 있던 지후는 작은 수익률에도 감사할 따름이었다.

'흠…, 나중에 국민연금도 받을 수 있고, 2학기에 투자해 놓은 돈도 있으니 조금은 안심이야. 아직 은퇴까지 한 달 남았으니까 지금부터라도 바짝 절약하면 괜찮을 것 같은데?'

조금씩 희망이 보이기 시작한 두 사람이었다.

"아 참! 나 지윤이랑 결혼했지?"

민서가 또 다른 '돈 나올 곳'을 생각해 냈다. 바로 1학기 때 결혼을 해서 경제 공동체가 됐던 지윤이였다.

"지윤아, 나 좀 도와주라~! 우리 결혼한 사이잖아~!"

"뭐?! 야! 그러니까 아껴 썼어야지! 너 하는 거 봐서 생각해 볼 거야!!"

우리 친구들은 과연 은퇴 후 풍족한 노후를 즐길 수 있을까?

국민연금은 언제부터 얼마나 받을 수 있나요?

우리 반 장난꾸러기 지후와 민서! 국민연금 없었으면 어쩔 뻔했나요?

하마터면 초등학교 마지막 6학년 12월을 선생님과 독서록 쓰고, 청소하면서 보낼 뻔했네요.

국민연금은 나이가 들어서 더 이상 돈을 벌 수 없을 때를 대비해 드는 '보험'이라고 했어요.

그리고 인생 게임에서 강호와 친구들이 여러 선택을 할 수 있었던 반면, 국민연금은 그렇지 않았답니다. '의무 가입'이지요.

실제로 나라에서 선생님의 월급을 줄 때 연금에 넣어 둘 돈을 먼저 가져가고 남은 돈을 준답니다.

그런데 여러분 중엔 이런 생각을 하는 친구들도 있을 거예요.

"국민연금에 가입해 놓으니까 나중에 은퇴하면 국민연금만으로 풍족하게 살 수 있지 않을까요? 나중에 은퇴를 했을 때, 국민연금으로 매달 얼마를 받게 되는 건가요?"

나중에 국민연금을 얼마나 받게 될지 계산하는 식은 엄~청 복잡해요! 그래도 대~충 한번 계산해 보도록 할게요.

여러분이 30년 정도 직장생활을 하고 은퇴를 했다고 생각해 봅시다. 그리고 30년 동안 받았던 '평균적인' 월급이 300만 원이었어요. 이때 여러분이 매달 받게 될 연금을 대충 계산해 보면 300만 원의 30퍼센트인 90만 원 정도가 된답니다.

만약 여러분이 좀 더 일을 해서 40년 동안 평균 400만 원 정도를 받으며 직장생활을 했다면 어떨까요? 400만 원의 40퍼센트인 160만 원 정도를 매달 연금으로 받아요.

어? 숫자를 유심히 본 친구들은 눈치챘겠죠?

국민연금은 보통 직장생활을 할 때 받았던 월급이 많을수록, 또 직장생활을 오래 했을수록 더 많이 받게 되어 있답니다.

그리고 이 돈을 만 나이로 65세부터 받게 되어 있어요. 만약 65세 이전에 은퇴를 하게 되면 어떡하냐고요? 물론 받을 돈을 미리 앞당겨서 60세부터도 받을 수는 있지만 그만큼 받는 금액이 줄어든답니다.

어떤가요? 국민연금이라는 '보험'에 가입했다고 해서 생각보다 많은 돈을 받을 수 있는 건 아니랍니다. 또 평생에 걸쳐 한 달에 약 300만 원을 쓰던 사람이 은퇴를 했다고 갑자기 120만 원만 쓰면서 살기란 쉽지 않을 거예요.

그래서 평소에 꾸준히 저축을 하고, 투자에 관심을 갖는 것이 정말 정말 중요하답니다. 우리는 돈을 평생 벌 수 있는 게 아니니까요.

14장

우리 반 나이 58세, 드디어 은퇴!

"애들아~, 은퇴를 축하해~!"

드디어 12월. 우리 반 나이가 쉰여덟 살이 되었다.

"와~! 이제 은퇴다~!"

친구들은 서로를 바라보며 환하게 웃었다. 은퇴를 해서 더 이상 돈을 벌 수 없었지만 친구들 모두 노후 대비가 되어 있었기 때문이다. 1년 동안 저축과 투자를 꾸준히 해 왔고, 노후 자금이 조금 부족한 친구들은 국민연금의 도움을 받아 해결할 수 있었다.

"우리 친구들 모두 1년 동안 고생했습니다! 자, 박수~!"

선생님이 흐뭇한 미소를 지으며 아이들에게 말했다.

"모두가 노후 대비에 성공했으니 내일 간단히 은퇴 파티를 진행해 보자."

"은퇴 파티요?"

"자! 내일까지 간단히 과자랑 음료수를 준비하도록! 내일은 너희가 좋아하는 피구도 하고 영화도 보면서 파티할 거란다!"

"와! 쌤 최고!!"

2학기 짜장면 데이트의 주인공은 누구?

시간이 지나 졸업식이 바로 코앞으로 다가왔다.

"선생님! 우리 모의 투자 결과 발표해야죠!"

졸업하기 전, 짜장면 데이트를 기대하고 있는 친구들이었다. 1학기 때 아깝게 기회를 놓친 친구들은 이번에야말로 짜장면을 먹겠다는 일념으로 가득 차 있었다.

"자, 그럼 모의 투자 결과를 발표해 볼까?"

"두구두구두구두구!"

"짜잔~!"

"엥…? 이게 뭐야?"

선생님이 표로 정리된 투자 수익률 순위를 화면에 띄운 순간, 예상과 다른 광경에 아이들은 크게 당황했다. 1학기 때와는 다르게 크게 손해를 본 친구들이 없었기 때문이다.

"1학기 때는 나만 혼자 많이 벌어서 엄청 신났는데, 이번에는 손해 본 친구도 별로 없고 다 비슷하네?"

나은이가 웃으며 말했다.

"포트폴리오를 짠 다음에 투자해서 그런 것 아닐까?"

"1학기 때는 위험 자산인 주식에만 투자했는데 2학기 때는 주식과 안전 자산에 나눠 투자했잖아!"

"아~, 그래서 크게 망한 애들이 없구나."

"그리고 이번엔 위험 자산인 주식도 다른 방법으로 투자했어." 현지가 덧붙였다.

"1학기 때는 삼성, 애플 같은 '개별주' 한 개에 투자했지만 2학기 때는 ETF로 각 나라를 대표하는 여러 주식에 '분산 투자'를 했잖아."

현지가 ETF를 이야기하자 친구들은 과자 쪼개기 실험으로 ETF를 만들던 때가 떠올랐다.

그렇게 2학기에도 1학기 때와 같이 투자 수익률을 기준으로 1등, 12등, 꼴등인 친구들이 선생님과 짜장면을 먹게 되었다.

"선생님~! 저희 짜장면 대신 마라탕 사 주시면 안 돼요? 겨울이잖아요."

"그럴까? 😄"

1년 동안의 모의 투자가 준 교훈

아쉽게도 강호는 이번에도 짜장면 데이트에 선정되지 못했다.

"강호야, 아쉽지 않아?"

2학기 수익률 1등을 차지하며 짜장면, 아니 마라탕 데이트에 성공한 현지가 물었다.

"좀 아쉽긴 한데 그래도 모의 투자를 하면서 배운 게 많은 것 같아! 투자를 경험해 보기 전에는 '주식' 하면 '인생 한 방!'이나 막 짧은 시간에 두세 배씩 올라서 빨리 부자가 될 수 있는 그런 것으로 생각했었거든! 그런데 자기 실력과 성향에 맞게 포트폴리오를 만들고, 여러 기업에 분산 투자하고, 안전 자산도 포함시켜야 조금이라도 안전하게 투자할 수 있다는 것을 알게 되었어."

"맞아. 나도 이번에 투자를 하면서 느낀 건데, 진짜 ETF를 만든 사람은 천재 같아! 그 사람 덕분에 쉽게 여러 기업에 분산 투자할 수 있게 되었잖아!"

"나도 큰 깨달음을 얻었어!"

항상 촐랑대던 나은이가 끼어들더니 진지하게 말했다.

"나는 솔직히 1학기 때 모의 투자로 1등을 해서 투자를 조금 쉽게 봤었어. 그런데 지금 생각해 보니 그냥 운이 좋았던 것 같아.

그리고 어른이 되었을 때 이런 일을 겪었으면 큰일 날 뻔했다는 생각도 했어. 운 좋게 한 번 주식으로 돈을 벌어서 투자를 쉽게 생각하고 큰돈을 투자했다가 한 방에 망할 수도 있으니까! 히히."

옆에서 아이들의 대화를 듣고 있던 선생님이 말했다.

"오~! 나은이가 좋은 인생 경험을 했구나? 나은이 말대로 어른들 중에 운 좋게 주식으로 돈을 벌었다가 잘못된 투자로 큰돈을 잃는 경우도 있단다. 마지막으로 동현이는 어땠니?"

"배당주는 배당금이 들어오고, 안정적이어서 좋았어요. 대신 그만큼 짧은 시간에 주가가 크게 오르지 않아서 아쉽긴 하네요. 그래도 나중에 어른이 되어서 실제 투자를 할 때, 되도록 빨리 배당주에 투자해 놓으면 은퇴한 다음에 좋을 것 같다는 생각을 했어요. 배당금이 은행 이자처럼 따박따박 나오니까 풍족하게 살 수 있잖아요."

인생 2회차는 더 잘 살 수 있을 것 같아!

1월, 강호와 친구들은 가족들이 모인 교실에서 졸업식을 앞두고 있었다. 드디어 강호와 친구들이 초등학교를 졸업하고 더 큰 세상으로 나아가게 된 것이다.

3월에 시작한 인생 게임이 이렇게 끝난다니 강호는 뭔가 아쉬운 기분이 들었다. 처음에 한 달에 다섯 살씩 나이를 먹는 교실에

들어왔을 땐 '선생님이 정말 이상한 걸 하시네'라고 생각했었는데 말이다.

하지만 모의 투자를 하고, 앞으로 경험할 인생의 여러 이벤트들을 미리 겪어 보면서 강호는 한층 더 어른이 된 듯한 기분이 들었다.

"강호는 제일 기억에 남는 게 뭐니?"

선생님이 물었다.

"저는 군대 걸렸을 때가 기억에 남아요. 😊 선생님이 군복 입고 들어왔을 때도 충격이었지만 군대 걸려서 소득이 확 줄어들었을 땐 눈물까지 나더라고요."

강호가 군대 이야기를 하니 아이들이 모두 웃었다.

"다른 친구들은 어땠니?"

"저는 인생 게임을 하며 여러 선택을 해 봤던 게 좋았어요! 어떤 선택을 하느냐에 따라 삶의 모습이 달라지고 친구들 삶에 변화가 생기는 걸 관찰하는 것도 재미있었고요. 모든 순간에 최선의 선택을 할 수 있도록 노력해야 할 것 같아요!"

항상 큰 그림을 보는 동현이가 진지하게 이야기했다.

"마지막으로 현지는?"

"어른이 되는 게 생각보다 쉽지 않고 부모님이 정말 정말 대단

하다는 생각이 들었어요. 그래도 교실에서 미리 인생을 살아 봤으니 앞으론 더 잘 살 수 있겠죠? 😄"

아이들이 각자 1년 동안 교실에서 겪은 이야기는 다 달랐지만 모두가 비슷한 결론에 이른 듯했다. 바로 미리 살아 본 '인생 1회 차'의 노하우로 앞으로 펼쳐질 진짜 인생도 잘 살 수 있을 거라는 생각이었다.

이렇게 우리 반 인생 게임이 막을 내렸다. 이제 진짜 인생을 향해 나아갈 시간이다!

중학생이 될 강호와 친구들은 또 어떤 재밌는 일들을 만나게 될까?

나가며

진짜 인생,
그리고 진짜 가치를 향해!

인생 게임 후반전까지 함께 달려온 여러분, 진심으로 축하합니다. 😄

처음 이 시리즈를 시작할 때, 여러분은 한 달에 다섯 살씩 나이를 먹으며 인생을 미리 살아 보는 특별한 게임의 주인공이었어요. 전반전에서 군 입대, 대학교 입학, 결혼, 첫 투자와 같은 인생의 큰 이벤트들을 경험했고, 후반전에서는 국민연금 가입, 투자 전략 공부, 자취방 구하기, 노후 준비와 은퇴까지, 진짜 어른이 되어 가는 과정을 게임처럼 하나씩 겪어 보았답니다.

이렇게 인생을 미리 살아 보니 어떤 느낌이 들었나요?
이 책에서 여러분은 단순히 돈을 모으고, 불리고, 투자하는 방법만 배운 것이 아닙니다.

경제와 금융의 원리를 배우는 동안 우리가 내리는 '경제적 선택'의 중요성과 책임 그리고 실패와 성공을 모두 경험했지요.

그리고 그 모든 과정이 바로 '진짜 인생'을 배우는 연습장이었어요.

여러분, 인생은 시험처럼 정답이 정해져 있지 않습니다.

누구나 실수할 수 있고, 때로는 뜻대로 되지 않을 수도 있지요. 하지만 중요한 것은 포기하지 않고, 자신만의 전략을 세우고, 스스로의 선택을 믿으며 한 걸음씩 나아가는 용기입니다. 이 책의 주인공들이 매번 선택의 순간에 치열한 고민을 하며 앞으로 나아갔던 것처럼, 여러분도 앞으로의 진짜 인생에서 여러분만의 길을 스스로 찾아갈 수 있을 거예요.

그리고 꼭 기억하세요!

돈은 분명 우리 삶에서 중요한 역할을 하지만, 돈이 전부는 아닙니다.

진짜 부자는 돈만 많은 사람이 아니라 소중한 사람들과 함께하며 서로를 아끼고 사랑하고 우정을 나누는 사람입니다. 돈으로는 살 수 없는 가치, 바로 가족, 사랑, 우정, 신뢰 그리고 나 자신을 아끼는 마음이 여러분의 인생을 더욱 빛나게 해 줄 거예요.

이제 여러분의 인생 게임은 후반전까지 모두 끝났습니다.
하지만 진짜 인생은 지금부터 시작입니다.
앞으로 여러분이 어떤 선택을 하든 그리고 어떤 길을 가든, 이 책에서 배운 용기와 지혜, 그리고 따뜻한 마음을 잊지 않길 바랍니다.
여러분의 오늘과 내일 그리고 앞으로 펼쳐질 모든 인생을 진심으로 응원합니다!
여러분은 이미, 멋진 인생의 주인공입니다.
인생 2회차, 더 멋지게 도전하세요! 그럼, 안녕!

부록

교과 연계표

	다루는 내용	교과 단원
2장 황금카드	1달러를 얻으려면 우리 돈 얼마를 줘야 할까요?	수학 6-1 (4) 비와 비율
3장	위기에 처했을 때 힘이 되는 든든한 친구, 달러!	사회 6-1 (2) 우리나라의 경제 성장
4장	단돈 1만 원으로 500개 회사의 주식을 사는 법	실과 6-2 (3) 발명 단원
5장 황금카드	이자에는 이자율, 배당에는 배당률	수학 6-1 (4) 비와 비율
6장 황금카드	공격수, 수비수, 미드필더 역할을 하는 자산은?	체육 4-1 (3) 영역형 경쟁
7장	기업이 아닌 나라에 투자해 볼까?	사회 6-2 (1) 여러 나라의 인문 환경
7장 황금카드	수백 개 주식의 주가를 어떻게 한 번에 나타내요?	수학 6-1 (4) 비와 비율
11장	팔까? 말까? 얼마나 팔까?	수학 6-2 (4) 비와 비례배분
12장	'좀비 술래잡기'로 알아보는 복리의 마법	체육 3-2 (3) 태그형 게임

그림 최현주

그림책 작가이자 다양한 책에 그림을 그리는 일러스트레이터입니다. 『남미영의 인성학교: 배려와 시민의식』, 『똑! 소리 나는 정치』, 『어린이 첫 영어 사전』, 『걱정 따위 방귀 뿡!』 등에 그림을 그렸습니다. 첫 번째 그림책 『일부러 기르고 있으니까』로 제28회 눈높이아동문학대전 그림책 부문 우수상을 수상했습니다. 『맙소사! 오늘부터?』는 작가가 쓰고 그린 두 번째 그림책입니다.

열세 살 인생 게임 2

초판 1쇄 인쇄 2025년 9월 16일
초판 1쇄 발행 2025년 10월 2일

지은이 김지환
그림 최현주
발행인 강선영·조민정
펴낸곳 (주)앵글북스
디자인 강수진

주소 서울시 종로구 사직로8길 34 경희궁의 아침 3단지 오피스텔 407호
문의전화 02-6261-2015 **팩스** 02-6367-2020
메일 contact.anglebooks@gmail.com

ISBN 979-11-94451-20-4 (73300)
ⓒ 김지환, 2025

* 리틀에이는 ㈜앵글북스의 아동·청소년 브랜드입니다.
* 이 책은 저작권법에 의해 보호를 받는 저작물이므로 무단 전재와 복제를 금하며 책 내용의 전부 또는 일부를 사용하려면 반드시 저작권자와 ㈜앵글북스의 서면 동의를 받아야 합니다.
* 잘못된 책은 구입처에서 바꿔드립니다.

미리 살아 보는 인생에서 배우는 실물경제와 금융

'열세 살 인생 게임'은 초등학생들이 교실에서 실물경제와 금융을 공부하는 흔치 않은 이야기를 담고 있습니다. 간혹 초등학생들이 이해하기 어려운 경제 용어와 개념이 자주 등장하는데도 쉬운 예시와 흥미진진한 놀이를 하며 이야기를 따라가다 보면 어느새 경제 지식이 쌓일 수 있도록 무척 재밌게 쓰인 아주 특별한 책입니다.

저자가 선생님으로서 수년간 반 아이들을 대상으로 경제 및 금융 수업을 실제로 진행한 사례를 담고 있어선지 모든 장마다 아이들이 어떻게 경제 공부를 했는지가 눈에 선하게 그려집니다.

현장에서 선생님들을 만나다 보면 교과서에는 나오지 않는 실물경제에 대한 지식들을 어디서부터 어떻게 가르쳐야 할지 모르겠다고 어려움을 토로하는 선생님들이 많습니다. 어른에게도 어려운 게 경제 공부고 금융 공부인데, 어떻게 그걸 아이들에게 가르쳐야 하느냐고 말이죠. 이 책은 중고등학교가 아닌 초등학교에서도 경제 및 금융 수업이 얼마나 쉽고 재미있게 이루어질 수 있는지를 생생히 전해 줍니다.

'열세 살 인생 게임'이 특별한 또 하나의 이유는 단순히 경제 및 금융 지식을 전달하는 데 그치지 않고 인생 전체의 이야기를 담고 있다는 것입니다. 앞으로의 삶에서 아이들이 마주하게 될 대학 입학과 군대, 결혼 생활, 내 집 마련, 연금 가입 등 주요 이벤트들을 경제적인 측면과 연결하여 다루고 있죠. 생애주기에서 경험하는 여러 사건을 돈을 벌고, 저축하고, 투자하는 흐름을 통해서 보여 주는 것입니다. 그리고 아이들은 그 과정에서 자료를 모으고 이야기를 나누면서 자신에게 맞는 최선의 선택이 무엇일지 고민합니다. 그 결과에 웃기도 하고 슬퍼하기도 하고 자기만의 교훈을 얻기도 하면서요.

이렇게 인생 게임을 통해 금융 지식과 정보를 활용하다 보면 어느새 가랑비에 옷이 젖는 것처럼 자신의 인생 재무설계 포트폴리오를 만들게 됩니다.

사실 금융과 투자는 초등학교 교과서에서 그리고 우리나라 교육과정에서는 다루지 않는 내용입니다. 하지만 시대가 빠르게 변하는 오늘날일수록 금융 교육은 꼭 필요합니다. 어릴 때부터 생활 속 놀이를 통해 쉽게 접한다면 초등학생들도 충분히 경제 및 금융 공부를 할 수 있습니다.

 '열세 살 인생 게임'은 경제 및 금융 공부가 왜 필요하고, 이것이 앞으로 아이들의 삶에 어떤 도움이 되는지를 잘 보여 주는 책입니다. 부디 이 책을 통해 아이들이 미래에 더 나은 선택을 하고, 더 나은 경제적 삶을 살기를 바랍니다.

_ **박영석** · 경인교육대학교 사회과교육과 교수,
한국경제교육학회 부회장, (전)금융감독원 금융교육전문가협의회 위원

암기식 수학은 어떻게 아이를 망치는가
수학 자존감 수업

샬리니 샤르마 지음 | 308쪽 | 22,000원

하버드 교육 정책연구소 공식 프로그램

전미 주요 교육부 선정 최우수 수업

국내 초중 수학 교사들의 강력 추천

"수학 머리가 없는 아이는 없습니다. 그것은 언어처럼 본능적으로 타고 태어나는 거니까요."

**미국 초등학생 절반이 사용하는
수학 교육 플랫폼 '젼(Zearn)' 창립자 샬리니 샤르마의 첫 책!**

'수학 머리'는 타고나는 것이라는 고정관념에 도전하는 이 책은 기존의 암기식, 속도 중심의 수학 교육이 아이들에게 수학 공포증을 유발한다고 지적하며, '읽고 쓰기'처럼 수학이 즐거운 일상이 되는 특별한 교육 솔루션을 제시한다.

초등부터 시작하는 똑똑한 금융x투자 습관

10만 원이 10억 되는 재밌는 돈 공부

제임스 맥케나 외 지음 | 176쪽 | 15,000원

초등학생이라면 누구나 직관적으로 게임하듯 경제와 금융을 배울 수 있도록 단계별 경제 미션을 제시한다. 미국의 대표 경제 교육 프로그램인 '비즈 키즈(Biz Kid$)'의 핵심 콘텐츠를 정리한 이 책은 아이들에게 가장 필요한 '자기주도 금융 학습'에 대한 보다 명확한 솔루션을 보여준다.

✦96주 연속 아마존 베스트셀러 ✦대한민국 청소년 금융교육협의회 추천도서 ✦미국 경제교육협의회 추천도서 ✦미국 교육위원회 금융 교육 교재 선정도서 ✦미국 페어런츠 초이스 황금상 수상

전 세계 1%를 꿈꾸는 아이들의 특별한 경제·금융 수업

열두 살 실험경제반 아이들

김나영 · 천상희 지음 | 242쪽 | 17,000원

최상위권 10대들의 스타 경제동아리 '실험경제반'과 국내 최대 초등 경제·금융교육 프로젝트 '금교잇'이 만났다. 금교잇의 환타국을 배경으로 일어나는 무역 모험을 통해 글로벌 경제 원리를 생생하게 배우고, 자연스럽게 금융 이해력과 경제적 사고력을 키울 수 있다.

✦대한민국경제교육대상 수상 ✦금융의 날 금융발전유공 대통령 표창 ✦대한민국경제교육대상 수상 ✦『세금 내는 아이들』 옥효진 강력추천 ✦『부의 대이동』 오건영 강력추천 ✦한국 금융투자교육원장 추천도서 ✦국내 최초 초·중등 교과 연계

무례한 친구들에게서 나를 지키는 초등 학폭 구별 사전

초등 학폭 구별 사전 시리즈 01
아홉 살, 단호하게 말해요
이해은 지음 | 이황희 그림 | 15,000원

학폭위 변호사가 실제 학교폭력 현장에서 마주한 사례를 바탕으로 구성한 학교폭력 상황별 대처법. '관계적 폭력', '언어 폭력', '사이버 폭력' 등, 특히 저학년이 자주 겪는 폭력 사례를 들려주고, 각각의 상황에 어떻게 대처해야 할지 설명한다.

✦한국어린이안전재단 추천도서 ✦독서평설 추천도서 ✦〈슬기로운 초등생활〉 이은경 쌤 강력추천

폭력적인 친구들에게서 나를 지키는 초등 학폭 구별 사전

초등 학폭 구별 사전 시리즈 02
열두 살, 용감하게 맞서요
이해은 지음 | 이황희 그림 | 15,000원

고학년이 되어 더 무거워진 학교폭력에 대응하려면 대담한 용기가 필요하다. 저자는 실제 학교폭력 상황에서 바로 써먹을 수 있는 말이나 폭력을 저지하는 행동을 매우 구체적으로 알려준다. 또한 학폭의 미묘한 경계선을 법조인의 시각으로 명쾌하게 짚어준다.

✦한국어린이안전재단 추천도서 ✦독서평설 추천도서 ✦〈슬기로운 초등생활〉 이은경 쌤 강력추천

앵글북스의 '소중한 몸' 시리즈

천재의 식단 죽을 때까지 머리가 좋아지는 한 끼의 기술
맥스 루가비어 · 폴 그레왈 지음 | 467쪽 | 19,500원

✦ 아마존 건강 분야 1위 ✦ <뉴욕타임스> 베스트셀러 ✦ 하버드, 코넬, 브라운 대학교 공동 연구 ✦ 국내 건강 분야 최장기 스테디셀러 ✦ 국내 최고 치매 전문의 김희진 교수 추천 ✦ '천재의 식단' 수록

MSG 쇼크 흥분한 뇌를 잠재우는 조용한 식단의 기적
캐서린 리드 · 바버라 프라이스 지음 | 388쪽 | 19,800원

✦ 전미 아마존 건강 분야 베스트셀러 ✦ <그레인 브레인> 데이비드 펄머터 강력 추천
✦ ADHD, 자폐, 우울증, 거의 모든 신경질환을 치유하는 'REID 식단' 창시자

최강의 식사 인생을 바꾸는 실리콘밸리식 완전무결 2주 다이어트
데이브 아스프리 지음 | 368쪽 | 18,500원

✦ 최장기 건강 분야 베스트셀러 ✦ 뉴욕타임스 베스트셀러 ✦ 미국, 일본 아마존 건강 분야 1위
✦ 아마존 선정 최고의 건강서 ✦ '방탄커피' 창시자의 완전무결 건강법

최강의 레시피 한 권으로 끝내는 '최강의 식사' 2주 다이어트 완성편
데이브 아스프리 지음 | 350쪽 | 22,000원

✦ 아마존 다이어트 요리 1위 ✦ 뉴욕타임스 베스트셀러 ✦ '방탄커피' 창시자의 케토 레시피
✦ 양준상 전문의 한국식 케토 레시피 최초 공개

느리게 나이 드는 기억력의 비밀
치매 전문의가 밝히는 슈퍼에이저의 7가지 건강 습관

김희진 지음 | 300쪽 | 19,800원

✦ 대한치매학회 추천도서 ✦ 대한노인신경의학회 추천도서 ✦ 고려대학교 의과대학 노인건강연구소 강력추천 ✦ 대한치매학회 우수 논문상 수상 ✦ 30일 1:1 맞춤형 두뇌 건강 가이드 수록

백년 면역력을 키우는 짠맛의 힘
원인 모를 염증에서 탈출하는 최강의 소금 사용설명서

김은숙 · 장진기 지음 | 348쪽 | 17,500원

✦ 건강 분야 최장기 베스트셀러 ✦ 건강 자립 멘토, 자연섭생법 전문가 ✦ 소금 디톡스 2주 프로그램 수록

리틀에이 필독서

꿈을 이루는 방법은 하나가 아니야 나는 중졸 작사·작곡가
오카지마 카나타 지음 | 198쪽 | 15,000원

✦ 빌보드 1위, 오리콘 1위 120회 히트곡 작곡가 ✦ 청소년 꿈멘토 백수연 쌤 강력추천 ✦ 베스트셀러 '실험경제반 아이들' 김나영 쌤 추천도서

파이브 왜 스탠포드는 그들에게 5년 후 미래를 그리게 했는가?
댄 자드라 지음 | 152쪽 | 17,500원

✦ tvN 비밀독서단 추천도서 ✦ 아마존 15년 연속 베스트셀러 ✦ 국내 최장기 스테디셀러 ✦ 미국 교사의 '가장 선물하고 싶은 책' 선정도서

최강의 AI 공쌤반 아이들 열두 살에 시작하는 똑똑한 인공지능 수업
공민수 지음 | 400쪽 | 22,000원

✦ 과학기술통신부 장관상 수상 ✦ 에듀톤 교육감상 1위 ✦ 모듈형 영재교육 프로그램 선정
✦ APEC 디지털교육정책 연수특강 프로그램 ✦ 스마트 디바이스 활용 공모전 교사 부분 1위

천방지축 천년손이와 사자성어 신비 탐험대 1
세상에서 가장 힘센 사자성어를 찾아라

김효효 지음 | 176쪽 | 13,500원

✦ 교육 대표 채널 <어디든 학교> 하유정 쌤 강력 추천 ✦ <슬기로운 초등생활> 이은경 쌤 강력 추천 ✦ 사회, 국어, 한국사 초등 교과 연계 필수 사자성어 수록

천방지축 천년손이와 사자성어 신비 탐험대 2
대나무 숲을 떠도는 오싹한 소문의 정체

김효효 지음 | 184쪽 | 13,500원

✦ 교육 대표 채널 <어디든 학교> 하유정 쌤 강력 추천 ✦ <슬기로운 초등생활> 이은경 쌤 강력 추천 ✦ 사회, 국어, 한국사 초등 교과 연계 필수 사자성어 수록

천방지축 천년손이와 사자성어 신비 탐험대 3
세상에서 가장 정의로운 사자성어를 찾아서

김효효 지음 | 172쪽 | 13,500원

✦ 교육 대표 채널 <어디든 학교> 하유정 쌤 강력 추천 ✦ <슬기로운 초등생활> 이은경 쌤 강력 추천 ✦ 사회, 국어, 한국사 초등 교과 연계 필수 사자성어 수록

대한민국 상위 1% 10대들의 특별한 경제 수업

최상위권 아이들 시리즈
최강의 실험경제반 아이들

김나영 지음 | 이인표 감수 | 272쪽 | 16,500원

13년 넘게 수많은 최상위권 학생들을 배출한 서울 양정중학교의 명문 스타동아리 '실험경제반' 학생들과 함께한 수업 내용을 스토리텔링 형식으로 재구성해 담아냈다. 경제학이 어렵고 부담스럽게 느껴진다면 이 책과 함께 쉽고 재미있게 경제를 익히며 똑똑하게 미래를 준비해 보자.

✦ 세종도서 교양부문 선정도서 ✦ 국립어린이청소년도서관 사서 추천도서 ✦ 대한민국 경제교육대상 ✦ 매일경제신문 경제수업지도안 교육부장관상 ✦ 한국경제신문 경제수업지도안 최우수상 ✦ 경제이해력 검증시험 '주니어테셋' 단체전 대상 ✦ 중국, 일본 출간

대한민국 최상위 10대들의 글로벌 경제수학 수업

최상위권 아이들 시리즈
세계시민이 된 실험경제반 아이들

김나영 지음 | 이인표 감수 | 272쪽 | 16,800원

눈앞의 경제 현상뿐만 아니라 사회, 국가, 나아가 국가 간의 연결된 경제를 좀 더 넓은 눈으로 경제를 이해하고 예측할 수 있는 통찰력을 키워준다. 아이들은 무역과 환율, 통화량과 인플레이션, 소득 불평등과 공유 자원의 고갈 문제 등 거시적 주제를 다양한 활동을 통해 배워나간다.

✦ 금융감독원 금융교육사례 최우수상 ✦ 대한민국 경제교육대상 ✦ 매일경제신문 경제수업지도안 교육부장관상 ✦ 한국경제신문 경제수업지도안 최우수상 ✦ 대한민국 독서토론 논술대회 선정 도서 ✦ 금융의 날 대통령 표창 수상자 ✦ 중국, 일본 출간

안 해 보면 진짜 진짜 위험한 초등 경제·금융 수업

13살의 노후 대비 시리즈 01
열세 살 인생 게임

김지환 지음 | 최현주 그림 | 200쪽 | 16,800원

금융 교육 현장의 새로운 혁신 콘텐츠로 주목받은 '13살의 노후 대비'를 바탕으로 기획된 이 책은 한 달에 다섯 살씩 나이를 먹는 가상현실 속에서 아이들이 28살까지 군대, 대학 등 인생의 다양한 경제적 선택을 경험하며 미래를 위한 준비의 중요성을 저절로 깨닫게 한다.

✦ 학교도서관저널 선정도서 ✦ 어린이경제신문 추천도서 ✦ EBS·토스뱅크 틴즈팀 추천도서 ✦ 이코노미스트 홍춘욱 추천도서 ✦ EBS·조선비즈가 주목한 화제의〈생존 금융 수업〉

모르면 두고두고 손해 보는 초등 경제 금융 수업

13살의 노후 대비 시리즈 02
열세 살 인생 게임 2

김지환 지음 | 최현주 그림 | 220쪽 | 17,000원

EBS, 조선비즈 화제의〈생존 금융 수업〉. 전반전이었던 1권에 이어 33살부터 은퇴까지 인생에서 가장 중요한 경제적 이벤트인 '연금 가입' '내 집 마련' '안전 자산' 등을 경험한다. 이를 통해 아이들은 투자의 중요성과 금융 지식을 자연스럽게 익히게 된다.

✦ 학교도서관저널 선정도서 ✦ 어린이경제신문 추천도서 ✦ 경제금융교육연구회 강력추천 ✦〈존리의 부자학교〉존리 추천도서 ✦ 한국금융연구원 추천도서 ✦ 국민연금 기금운영위원회 위원장 추천도서